Vassula Ryden

Mein Engel Daniel

Vassula mit ihrem Engel Daniel

Dies ist eine Abbildung von Vassula, die von ihrem Schutzengel Daniel beschützt wird, welcher ihr geholfen hat, diese und drei weitere Skizzen zu zeichnen.

Vassula Ryden

Mein Engel Daniel

Der Anfang von »Das wahre Leben in Gott«

MIRIAM-VERLAG

1. Auflage 1995, 1. - 5. Tausend

Satz und Druck: Miriam-Verlag
Printed in Germany
ISBN 3-87449-256-7

Inhalt

Begrüßung ... 7

Vorwort ... 8

Erläuterungen zur Einführung durch Robert J. Carroll, US-Foreign Service Officer im Ruhestand ... 10

Einleitung von P. Michael O'Carroll, C. S. Sp., Vassulas geistigem Führer und Berater ... 17

Vorwort von Vassula Ryden ... 23
Das Nahen meines Engels ... 23
Die Läuterung ... 24
Das Vaterunser vom Schöpfer gelehrt ... 25
Angriffe Satans ... 27
Die Schlacht zwischen meinem Engel und Satan ... 29
Meine Läuterungen setzen sich weiter fort ... 30
Satan fährt fort mit verschiedenen Angriffen ... 34
Die Wüste und die dann folgende totale Selbstübergabe ... 35
Der Priester verdammt die Botschaften ... 39
Verfolgungen von seiten des Priesters ... 41
Willst du Mir dienen? ... 45

Phase I ... 47
Dialog mit meinem Engel Daniel ... 47
Phase II ... 51
Phase III ... 57
Phase IV ... 66

Botschaften mit wichtigen Themen ... 130
Vassulas Reifeprozeß ... 130
Der Heilige Geist ... 131
Einheit ... 133
Einheit ... 136
Unsere beiden Herzen ... 140
Mein Heiliger Geist ... 143
Eine Warnung ... 148
Rebellion ... 152
Rebellion und Traditionen ... 155
Das siebte Siegel ... 158
Ein Lied für den Herrn ... 161

Eine Botschaft von „Unserer Frau, der Allerheiligsten“ 164
Prophezeiung über Rußland 167
Das Buch Daniel 172
Das Zeichen des Menschensohnes, das jetzt am Himmel erscheint 175
Botschaften von St. Michael und Daniel 182

Begrüßung

Zum Lobpreis von Jesus und Maria

Jesus bat mich, Ihnen zu sagen, daß Sie meinen Namen, Vassula, immer aus den Botschaften aussparen und durch Ihren eigenen Namen ersetzen sollten.

An dieser Stelle muß ich meine Dankbarkeit zum Ausdruck bringen gegenüber meiner Familie, meinem Seelenführer und allen meinen getreuen Freunden, die die Herausgabe dieses Buches möglich gemacht haben.

Erwähnen möchte ich hier Pater René Laurentin, Schwester Lucy Rooney, Pater Bob Faricy, Pater Michael O'Carroll, Tony Hickey, Pat Callahan, Tom Austin und jeden, der diese Botschaften fördert und verbreiten hilft. Ich lobe den Herrn und danke Ihm für jedes Ohr, das Seinem Liebesruf vom Kreuz herab offensteht und berührt von diesem, zum Sprachrohr für die Ausbreitung Seines Rufes der Liebe wird.

* * *

Vorwort

Es ergeht die Einladung an Sie, dieses Buch so zu lesen, als wäre Vassula Ryden eine Stenographin, die für Sie eine persönliche Botschaft aufnotiert, eine Botschaft von hoher Wichtigkeit, die mit großer Liebe erfolgt. Viele sind sich ja schon ihres Engels bewußt, manche haben dessen Wirklichkeit vielleicht sogar schon auf irgendeine spürbare Art wahrnehmen können, wenn auch nicht auf die außerordentliche Art und Weise, wie Vassula den ihren erfahren hat. Der Herr ließ deutlich werden, daß Er zu jedem von uns einzeln ganz persönlich spricht und uns auffordert, Vassulas Namen durch unseren eigenen zu ersetzen. Nicht nur Vassula, sondern jeder von uns hat einen Schutzengel, der gewiß nicht weniger eifrig ist als der ihre und darauf aus ist, daß wir erkennen mögen, „wie nahe dir Gott ist und wie sehr er dich liebt". Vassula fragte am 30. Mai 1986 bezüglich der Gegenwart ihres Engels, und es ergab sich folgendes Zwiegespräch, das im „Engelbuch" 1, 17-18 festgehalten ist:

Wo bist du für gewöhnlich?

Ich bin, wo du bist.

Dann siehst du mich so klar, wie ich die Dinge vor mir sehe?

Ja.

Wo bist du, wenn ich die Treppe hinablaufe?

Ich bin bei dir.

Wo bist du jetzt?

Ich bin dir nahe.

Wo wirst du sein, wenn ich sterbe?

Du wirst mich treffen. Ich werde dir zur Seite sein.

Dieses ungewöhnliche Tagebuch bringt deutlich den Beweis dafür, daß Engel mehr sind als Abstraktionen oder Fabelwesen, daß sie tatsächlich machtvolle Beschützer und Fürsprecher sind, die uns mehr lieben, als wir jemals verstehen können, daß sie gewissermaßen die uns zugekehrte Seite des Himmels darstellen.

Was auch durch diese Botschaften deutlich zum Ausdruck kommt, das ist, wie sehr wir auf den Schutz unseres Engels angewiesen sind in einer Welt, auf der, wie der Herr durch Vassula sagte, „der Böse umherschleicht wie ein Wolf“. Die Botschaften greifen Fragen, auch skeptische Fragen, sehr klar und konkret auf, da Vassulas Engel und der Herr geduldig wirken durch das, was Vassula als ihre abgrundtiefe Unwissenheit des Göttlich-Übernatürlichen beschrieben hat.

Vassulas Gewahrwerden der Gegenwart ihres Engels änderte alles. Wie könnte es auch anders sein? Dennoch rang sie lange mit der Frage, wie so etwas möglich war und dem Erstaunen: „Warum gerade ich?“ Sie konnte sich nicht denken, wie das anderen helfen könnte, doch begriff sie inzwischen, daß es tatsächlich die Gabe unseres überaus liebevollen Vaters an alle Seine Kinder ist. Sie versteht auch, daß Er gerade sie erwählt hat, weil keiner weniger an Gott dachte und gleichgültiger Gott gegenüber war als Vassula zu jenem Zeitpunkt ihres Lebens. So sollte eigentlich jeder, der diese Botschaften der Liebe liest, erkennen, daß nicht nur unser Schutzengel immer bei uns ist, sondern auch unser heiliger Herr.

Wir möchten Ihnen nahelegen zu begreifen, daß Vassula das ist, was der Herr „ein Zeichen“ nennt für die Gegenwart unseres eigenen Engels. Wenn wir das begriffen haben, dann wird das für uns, wie es für sie auch war: ein neuer Anlauf zum Aufwachen – führt es doch unweigerlich zu einem tieferen, innigeren Gewahrwerden der lebendigen Anwesenheit Gottes und Seiner Liebe für jeden von uns und warum Er uns erschuf.

Der Herr schrieb durch Vassulas Hand im Oktober 1986 (im Engelbuch 2,51-52): „… Ich bin euer Erlöser. Ich werde immer sein. Ich werde euch nie verlassen. Ich liebe euch … wendet euch Mir zu und schaut Mich an. Ich bin Gott, dein himmlischer Vater. Erkenne, warum Ich bei dir bin. Ich, Gott, werde auch all Meinen anderen Söhnen und Töchtern dasselbe tun, denn ihr seid alle Mein … Ich, Gott, liebe euch alle. Ich werde euch alle wieder zusammenbringen.“

Die Herausgeber, Februar 1995

* * *

Erläuterungen zur Einführung

durch Robert J. Carroll
US-Foreign Service Officer im Ruhestand

„Ich bin dein Schutzengel und mein Name ist Daniel." Mit diesen Worten, die sich ohne jede Anstrengung auf geheimnisvolle Weise durch den Schreibstift in ihrer Hand auf einem Stück Papier formten, auf das sie gerade eine Einkaufsliste niederschreiben wollte, nahm das Leben der Vassula Ryden eine unerwartete Wendung und verwandelte sich für immer. Wenn Vassula Rückschau hält auf diesen Augenblick, dann wundert sie sich, daß sie überhaupt nicht schockiert oder von diesem Phänomen nervlich angegriffen war.

Gewiß, ihre innere Kraft war zu jenem Zeitpunkt ihres Lebens nichts gegenüber dem, was sie unter der nachfolgenden göttlichen Belehrung und den gewaltigen Prüfungen wurde, denen sie seit jenem Nachmittag in Dakka/Bangladesch vor neun Jahren ausgesetzt war. Aber schon damals, also noch vor ihrer stufenweisen, aber tiefergehenden geistigen Umwandlung, nahm sie mit Staunen und Entzücken an, daß dieses sich tatsächlich ihr gegenüber ereignete. Ihr Ehemann Per Ryden, ein schwedischer Entwicklungshilfe-Experte, hatte als Student etwas über mystische Theologie gelesen und beeilte sich, Vassula zu versichern, daß sich solche Dinge tatsächlich schon früher an Sterblichen vollzogen hätten. Einer ihrer beiden Söhne – mit etwas weniger theologischem Basiswissen – rief aus: „Mama, das ist ja wie das, was Moses passiert ist!"

Vassulas beste Freundin, Beatrice, eine Französischschweizerin, die beim internationalen Zivildienst angestellt war und damals auch in Dakka lebte, sagte mir kürzlich, Vassula hätte ihr diese Erfahrung erstmals bei einem Lunch an irgendeinem Tag des Jahres 1986 anvertraut. „Du wirst wohl glauben, ich werde verrückt", sagte Vassula, „aber ich habe Botschaften von meinem Engel empfangen!" Beatrice wußte nicht, was sie davon halten sollte, außer daß sie sich darüber klar war, daß Vassula so gründlich wie kaum einer, den sie jemals kennen lernte, in der vordergründigen Realität verankert war. Als Beatrice dann die Worte des Engels Daniel an Vassula las, füllten sich ihre Augen mit Tränen. Sie sagte Vassula, daß die Zartheit und Liebe in jenen Worten keinen Zweifel darüber ließen, daß sie göttlichen Ursprungs waren.

Als ich meinerseits erstmals Vassula bei einem Gespräch auf Tonband ihre Geschichte erzählen hörte (in Pittsburgh 1991 aufgenommen), empfand ich Freude, und ein großes Hoffnungsgefühl erfüllte mich, obwohl das vordergründig erstaunen mag, doch erkannte ich aufgrund von Vassulas aufrichtiger Geradheit und der Majestät ihrer Botschaften, die sie las, daß es in der Tat richtig und echt war. Der Herr sprach zu uns klar und kraftvoll, und das gerade jetzt, da wir so verzweifelt nach Seiner Führung und Ermutigung verlangen.

Zu jener Zeit war ich amerikanischer Diplomat bei der US-Botschaft in Stockholm, Schweden. Diese kraftvollen Botschaften sprachen so richtig zu meinem Herzen, und ich fing an, auch andere innerhalb meiner Möglichkeiten daran teilhaben zu lassen. Ich war selbst überrascht, welche weitreichende Wirkung sie allein in Schweden entfaltete. Inzwischen habe ich eine ähnliche Wirkung quer durch die Vereinigten Staaten und auch in anderen Teilen der Welt beobachtet, trotz einiger höhnischer Kenntnisnahmen wie auch gemeiner Angriffe auf Vassula.

Die Früchte, die ich zu sehen bekam, waren aber echt faßbar und unverkennbar. So bin ich einer der vielen, die versucht haben, das Gewahrwerden dieser erhebenden Worte zu verbreiten, einfach weil sie die Menschen so machtvoll und auf dauerhafte Weise berühren.

Es ist bemerkenswert – obschon es eigentlich keiner Erwähnung bedarf – daß gar keiner von denen, die eine wesentliche Rolle bei der Verbreitung dieser tröstlichen Botschaften spielte, auch nicht Vassula selbst, irgendeine materielle Bereicherung aus dieser Tätigkeit zogen. Ohne Ausnahme haben vielmehr jene, die am meisten zur Förderung dieses Apostolats der Einheit und heiligen Gemeinschaft mit unserem Schöpfer beitrugen, sich dieses etwas kosten lassen. Ich nehme an, sie werden weiterhin frohen Muts diese Opfer bringen, weil sie gesegnet worden sind durch die tägliche Bestätigung, daß diese Botschaften vielen rings um uns helfen, und zwar quer durch breite Bereiche der Völker und Nationen. Diese Botschaften eröffnen große Hoffnung für alle Kinder Gottes und Seine ganze Schöpfung. Wir glauben es, was ein hochgeachteter Priester in Connecticut kürzlich sagte, nämlich: Vassula Ryden sei die wichtigste Prophetin unserer Zeit.

Dieses Phänomen, das durch Vassulas Engel begann, hat vielen von uns geholfen, die Wirklichkeit von Gottes liebevollem Dialog mit Seinen Kindern zu begreifen, wie er durch die ganze Bibel hindurch immer wieder aufgezeichnet ist, sowie durch die großen mystischen Schriftsteller bis hinein in unser heutiges Zeitalter mit seinem beispiellosen Rationalismus. Wie kürzlich durch Pater Michael Kaszowski, einem Professor am Katowice Seminar in Polen, zum Ausdruck gebracht, führen echte Privatoffenbarungen zum tieferen Verständnis der Heiligen Schrift und zu vermehrtem Hunger nach dem Gotteswort.

Ich hatte das Privileg, den Verfasser der nachfolgenden Einführung kennenzulernen, nämlich Pater Michael O'Carroll, den beliebten und hochgeachteten Theologen, der während mehreren Jahren ihrer außergewöhnlichen Erfahrung Vassulas geistlicher Berater gewesen ist. Pater O'Carroll hat über lange Zeit seine Weisheit und sein Wissen dafür eingesetzt, die großen mystischen Traditionen der Christenheit in ihrem Wert herauszustellen und zu beleuchten. Aber außerdem gehört er auch zu jener Art Menschen, deren bloße gütig-sanfte Gegenwart schon genügt, um sich aufgerichtet zu fühlen. Die Tatsache, daß dieser Theologe und andere Gottesmänner, die ich kennenlernen durfte, »Das wahre Leben in Gott« von ganzem Herzen in sich aufgenommen haben, bestätigt mich innerlich darin, daß diese wunderschönen Botschaften göttlicher Inspiration sind.

Pater Michael beschreibt, wie dankbar er war, als er nur schon den frühen Dialog Vassulas mit ihrem Engel las, der den Botschaften des „Wahren Leben in Gott" voranging. Auch andere, die schon die Botschaften laufend lesen, werden mächtig angerührt sein, wie ich es war, als man mir eines dieser Notizbücher mit dem heiligen Diskurs übergab und ich zu lesen begann, wie alles anfing. Es fiel mir leicht, mich an Vassulas Stelle zu versetzen, nachdem ich wie Vassula Jahrzehnte meines Lebens vorbeigehen ließ ohne mehr als nur flüchtige Gedanken an eine andere als diese unsere Welt. So konnte ich mich nur zu gut in ihre Reaktionen verstehend einfühlen, als ihr Engel ihr sanft beizubringen begann, daß die einzige Wirklichkeit, die zählt, jene eines liebenden Gottes ist, der mehr von jedem unter uns weiß und mehr für jeden Sorge trägt, als wir uns jemals vorstellen können.

Wie sich an der wie Pilze aus dem Boden schießenden zahlreichen Leserschaft von Büchern über Engel und andere himmlische Interventionen zeigt - und wie auch außerdem Papst Johannes Paul in seinen Schriften sehr beredt darlegt - besteht ein andauernder Hunger der menschlichen Seele nach irgendeinem Grad von Vertrautheit mit diesem persönlichen Gott. Es ist ein Hunger vorhanden, der sich auch nicht durch irgendeinen nachgeahmten Mystizismus sättigen läßt, in dem die unverursachte Ursache und der Erlöser der Menschheit, der wirklich und tatsächlich auf dieser Erde wandelte, als bloß unpersönliche, geist- und gefühllose Kraft im Universum abgetan werden.

Selbst die Skeptiker werden diese Botschaften als das erkennen, was einige der frömmsten und geistesklarsten religiösen Gelehrten unserer Zeit als zuinnerst echt bezeichnen. Es ist schwer zu sagen, wie die allgemeine Öffentlichkeit reagieren wird, wenn dieses außergewöhnliche Buch erst einmal über die Kreise der geistig Gesinnten eine breitere, mehr weltlich gesinnte Leserschaft erreicht. Viele bekennen heute offen ihre Gleichgültigkeit gegenüber Gott. Diese Botschaften könnten sich als Grundlage zum Beginn einer neuen Freundschaft mit Ihm erweisen. Das mag der Grund sein, weshalb Er eine Persönlichkeit wie Vassula erwählte, die sich weit im Abseits gegenüber Gott befand, wobei ihr das weder ein Gefühl von Schuld noch von innerer Leere verursachte. Schließlich stand sie mitten in einem voll und befriedigend ausgefüllten Leben, welches ihr – wie so vielen heute – keine Zeit frei ließ für ein Nachdenken über Geistiges.

Dann gibt es auch jene, die zunehmend beunruhigt sind über den Weg, den die Zivilisation heute scheinbar nimmt, wobei sie Gott die Fehler der Menschheit anlasten. Gleich anfangs sprach uns Vassula aus dem Herzen, als sie wissen wollte, wie ein liebender Gott so viel Leiden zulassen könne. Ich fand die Antwort, die sie erhielt, sowohl einleuchtend wie tröstlich. Vielleicht entdecken jene, die ähnlich beunruhigt sind, hinter den göttlichen Offenbarungen an Vassula einen liebenden Vater, der sich vom Himmel herniederbeugt , um uns zu führen und zu trösten und um Sein Reich auf die Erde zu bringen, indem Er eine Wohnung im Herzen eines jeden von uns findet.

Das Buch mag auch jene erreichen, die Ausschau hielten nach etwas, das über die Pseudo-Spiritualität und jene Religiosität hinausreicht, die aus allen Richtungen auf uns zukommt und die echte Geistigkeit und Gottbetrachtung verdrängt oder ausschaltet. Ein persönlicher Gott, der nicht nur immerwährendes Glück anbietet, sondern auch Forderungen stellt an jene, die antworten, war nie überall allseits beliebt. Doch hier läßt der Herr durch Vassula eine neue Einladung ergehen an jene, die geneigt sind, sich enttäuscht abzuwenden, aber durch bessere Gotterkenntnis Ihn dann doch als den liebenden Vater erkennen, der Er ist. In Seiner göttlichen Weisheit kann der Herr jedes gute Herz berühren. Als Vassula am 30. Dezember 1986 fragte: „Herr, bist du derselbe Eine, der auch Moses berief?" erhielt sie die folgende Antwort (Engelbuch 4, 4):

„Ich bin derselbe Gott. Zeitalter, o Zeitalter! Wie wenig weißt du, daß ich, Gott, über jedem glaubensvollen Herzen strahle, Ich werde immer Wege finden, dich zu rufen (Er sprach auf Griechisch weiter): Obschon die Welt das Licht verlassen hat, werde Ich, Gott der Allmächtige, ein Mittel finden, über dir zu leuchten ... Ich, Gott, liebe euch alle, verstärkt eure Liebe zu Mir!"

Auch in Vassulas Fall geht wie bei den meisten als echt anerkannten mystischen Erfahrungen, so zum Beispiel in Lourdes/Frankreich und Fatima/Portugal, ein Engel den göttlichen Offenbarungen voraus. Vassulas einzigartige Gabe jedoch bestand darin, tagebuchartige Aufzeichnungen darüber zu machen, was sich im Gespräch mit ihrem Schutzengel ergab, und es mit uns zu teilen. Für sie war es ja wie das Aufdämmern einer völlig neuen Existenz. Wenigen von uns, die diese Gespräche jetzt lesen, wird der dramatische Eindruck der Erkenntnis entgehen, daß die Schutzengel eine Tatsache sind und Gott jedem von uns einen solchen beigab. Das ist – so lernen wir zugleich mit Vassula – eine wichtige und ernstzunehmende Realität, nicht eine Legende oder eine Phantasie, um Kinder damit zu erfreuen. Noch ist es bloß eine leichtfertig angenommene unsichtbare Kameradschaft, wofür es Vassula zuerst hielt. Vielmehr ist unser Schutzengel all das, was man uns in der Kindheit darüber sagte, und noch viel, viel mehr!

Es war ein großes Erwachen für Vassula, als sie die Gegenwart des Engels in ihrer Bedeutung zu erfassen begann. Doch das wichtigste, das ihr aufging, bestand im Begreifen, daß nicht nur Gottes Engel immer bei uns ist, sondern ebenso Gott selbst. Vassula wunderte sich, weshalb der Herr dieses einzigartig-unerhörte Mittel wählte, um Seine Botschaft mitzuteilen, nämlich Seine lebendige

Gegenwart tatsächlich in der Handschrift offenbar zu machen. Das erhellt Seine Antwort am 18. November 1986 (Engelbuch 3,20-21):

„... indem Ich dich auf diese Weise rufe, beabsichtige Ich, auch andere weiterzuführen, es ist für alle jene, die Mich verlassen haben und Mich nicht hören. Aus diesem Grund ergeht der Ruf in geschriebener Form. Ich, Jahwe, will sie in diesem Ruf an viele Geschehnisse erinnern , damit sich Meine Geliebten Mir nähern. So nimm den Weg an, den Ich dich führe: Ich will dadurch die Kleingläubigen ermutigen, ihren Glauben an Mich aufzubauen. Es ist ein Ruf für jene, die Mein Wort beiseite gelegt haben, um sie zum Lesen Meines Wortes zurückzubringen. Es soll ihnen klar werden, daß Mein Wort lebendig, heilig und gesegnet ist. Es ist ein Ruf, sie aufzuwecken. Es ist ein Ruf der Liebe und des Friedens. Es ist ein Ruf zur Erinnerung an ihre uranfänglichen Grundlagen und daß Ich, Gott, ihr Schöpfer bin. Ich möchte sie erinnern, daß sie nicht vaterlos sind und daß ich sie alle liebe ...“

Es wurde Vassula auch zu verstehen gegeben, daß diese ganzen Botschaften ein einziger „Liebesbrief“ an jeden von uns sind. So ist der persönliche Anstrich, den die handschriftliche Form gibt, ganz und gar passend. Aber wie auch die Form sei, diese Niederschriften wollen an viele Herzen und Seelen rühren, auch an jene, die sich weit außerhalb der Reichweite eines persönlichen Kontaktes mit dem übernatürlichen Göttlichen glauben. Der Herr sagt Vassula, daß wenn wir Seine Botschaften lesen, wir ihren Namen einfach wegnehmen und durch unseren eigenen ersetzen sollten, weil Er tatsächlich zu jedem von uns spricht. Es kommt also darauf an, die Botschaften des Herrn in dieser direkten, persönlichen Weise aufzunehmen, statt sie bloß als ein Beobachter der Erfahrungen Vassulas zu lesen. Für jene, die in Verwirrung und Dunkelheit tappten, könnte es das Aufdämmern eines neuen hellen Tages sein, so wie es das auch für Vassula war.

An welchem Punkt auch immer ein Leser auf seiner spirituellen Reise angekommen sein mag, diese Botschaften können ein konkreter Ausdruck der großen Liebe des Herrn für jeden von uns sein. Viele wollen mehr von der sanften Liebe, Weisheit und Wahrheit, die sie im Engelsdialog als Muster haben, und wenn sie wollen, wird ihr Herz sanft in eine Vereinigung des wahren Friedens, der Liebe und Freude hineingezogen und mit größter Sicherheit auch in ein tieferes Erfassen des Daseins durch die Entdeckung des wahren Lebens in Gott. Für jeden, der das vollbringt, ist ein ebenso freudvoller Engel vorhanden, wie es Vassulas Engel Daniel ist.

Vassula mit ihrem Engel Daniel

Einleitung

von P. Michael O'Carroll, C. S. Sp.
Vassulas geistigem Führer und Berater

Vassulas Einführung

Jene, die Vassula Ryden über ihre einzigartige Erfahrung sprechen hörten, und jene, die darüber etwas gelesen haben, wissen, daß eine lange Periode der göttlichen Belehrung und Ausbildung stattfand, ehe sie die Botschaften erhielt, die in der Buchreihe »Das wahre Leben in Gott« enthalten sind. Bis jetzt haben wir nur kurze Zusammenfassungen gehört dessen, was da bis November 1985 durchkam, sowie die erste veröffentlichte Botschaft vom 20. November 1986 („Friede sei mit euch"). Das vorliegende Buch nun bringt Gott sei Dank Licht in die sanften und dennoch kraftvollen Gespräche jener Frühzeit, die uns die Geschichte einer Einführung in eine langanhaltende mystische Erfahrung erkennbar macht, wie sie meines Wissens in der einschlägigen Geschichte ihresgleichen sucht.

Mitten im Verfassen eines dritten Buchs über Vassulas Botschaften und ihre Mission freue ich mich, diesen Dialog jetzt vorliegen zu haben. Er liefert Dokumente aus erster Hand über die göttliche Pädagogik, die sie so weit förderte und voranbrachte, daß sie ihrer Berufung gerecht werden konnte. Auch bin ich dankbar, in diesen Schriften die sukzessive Einführung jeder der göttlichen Personen, also von Vater, Sohn und Heiligem Geist, in ihr Leben und in ihre geistige Erfahrung bezeugt zu sehen. Mein Buch trägt nämlich den Titel: Vassula, Apostel der Heiligen Dreieinigkeit.

Vassula Rydens Einführung erfolgte vom Anfang bis zum Ende durch ihren Schutzengel. Die Zuhörer auf fünf Kontinenten vernahmen, daß die erste Erfahrung einer übernatürlichen Intervention in ihrem Leben eine Botschaft von ihrem Schutzengel war, der sich „Daniel" nannte. Was geschah danach? Wie genau entfaltete sich diese außergewöhnliche Einweihung und Ausbildung von da an weiter? Die hier getreu niedergeschriebenen Aufzeichnungen werden nicht nur diese Fragen beantworten. Diese Niederschrift wird auch allen mehr Sicherheit geben, die der theologischen Skepsis unseres Zeitalters ausgesetzt waren, auch jenen, die die Existenz von Schutzengeln in Zweifel zogen, vielleicht gar über diejenigen unter uns lächelten, die lange Zeit noch an ihren Schutzengel geglaubt haben.

Engel gibt es heute sozusagen überall: in Buchläden, in Geschenkartikelgeschäften, auf und in Plattenalben – sogar in Filmen über Baseballspiel sollen sie vorkommen. Daher erhebt sich die Frage: Inwieweit sind sie wirklich? Müssen wir an sie glauben? Hier meine ich, auf die Antwort eines großen französischen Theologen zurückgreifen zu müssen, der sagt: Wer bin ich schon, um mich gegen die Beobachtungen jener zu stellen, die Bücher der Bibel, des Alten wie des Neuen Testaments, der Kirchenväter, der ersten großen Exponenten der Reichtümer unseres Glaubens, all der großen Theologen der Kirche in Ost und West bis in unsere Zeit niedergeschrieben haben? Der heilige Thomas von Aquin hat in seiner großen »Summa theologica« fünfzehn Fragen und deren Beantwortung den Engeln gewidmet – ihrer Natur, ihrer Erschaffung, ihrer Aufgabe und ihrem Dienst. Er diskutiert insbesondere die Frage des Schutzengels (Questio 113). Vom Augenblick der Geburt an ist jedem menschlichen Wesen ohne Ausnahme ein Engel beigegeben.

Natürlich glaube ich an Engel. Sie vervollständigen das christliche Weltbild. Sie stehen zwischen der Menschheit, die zwischen Geist und Materie angesiedelt ist, und Gott, dem unendlichen Einen, der reiner Geist und Einer in der Dreiheit ist. Engel sind reine Geister – erschaffen und endlich. Das ergibt ein wunderbares kosmisches Sein: Die Schöpfung erhebt sich in herrlicher Stufenfolge bis empor zur Einheit mit der Quelle aller Dinge, Gott dem Schöpfer. Wenn man genauer nachdenkt, wird einem auch klar: Wo es doch ganz offensichtlich eine fast unendliche Anzahl und Stufenfolge in der Ordnung lebender Wesen zwischen den Einzellern und den menschlichen Wesen auf dieser unserer sichtbaren Welt gibt, sollte es da wahrscheinlich sein, daß es zwischen den menschlichen Seelen und dem allmächtigen Gott im geistigen Bereich nicht auch noch andere Wesen gibt?

Gläubige Katholiken, einschließlich der Heiligen, haben immer in erhebender Weise an den Schutzengel geglaubt und eine Beziehung zu ihm gepflegt als zu einem himmlischen Gast, der einem jeden von uns beigegeben ist, um uns zu helfen, zu beschützen und dann auch zur Herrlichkeit emporzuführen. Unser Engel übermittelt uns die Gaben des Heiligen Geistes und nimmt unsere Gebete auf, verstärkt sie und bringt sie dem dreieinigen Gott dar! Diese geistige Wirklichkeit ist ein weiteres Beispiel der göttlichen Liebe, Großmut und Fürsorge für jeden von uns. Es ist das eine schätzenswerte Wirklichkeit, die wir in unser Leben einbeziehen und mit der wir leben sollten. Es ist eine Wirklichkeit, die nicht zu vernachlässigen ist.

Der Dialog zwischen Vassula und ihrem Engel trägt eine typisch christliche Art an sich, er ist eine Mischung von Unerklärlichem und Transzendentalem mit dem, was ganz natürlich und einfach ist. So, wenn sie beispielsweise fragt: „Wo bist du für gewöhnlich?" und zur Antwort erhält: „Ich bin da, wo du bist." Oder dann wieder: „Wo bist du, wenn ich sterbe?" – „Du wirst mir begegnen. Ich werde dir zur Seite sein!" Inzwischen hören wir über die „Schlange", dies aber im Sinne einer Ermutigung. Man beachte die Worte: „Ich werde dich verteidigen. Ich werde dich behüten und dir jeden Schutz angedeihen lassen. Du brauchst dich nie zu fürchten!" Nebenbei möchte ich den Leser an die Worte „Fürchte dich nicht!" erinnern, die 250mal in der Bibel vorkommen. Wie die Leser des »Wahren Lebens in Gott« wohl wissen, wird durch die ganzen Mitteilungen Jesu an Vassula hindurch immer wieder die Bibel in Erinnerung gebracht. Der Engel achtete auf ihre Bereitschaft für diese Botschaften von allem Anfang an: „Lies die Bibel täglich, und deine Seele wird voranschreiten."

Es herrscht in dem Dialog zwischen Vassula und ihrem Engel von allem Anfang an eine zuweilen überraschend freimütige Offenheit. Und sie selbst spricht in diesem Stadium auch mehr gegenüber ihrem übernatürlichen Besucher als später, wenn es Jesus oder der Vater oder der Heilige Geist ist, der kommt, um sie zu erleuchten und durch sie all jene, die in Austausch und Gemeinschaft mit den Botschaften und dem Einen treten, der sie gibt. Das geistige Drama nimmt seinen Fortgang, indem der Engel stufenweise in dieser geistigen Begegnungsreihe hinter Jesus und dem Vater zurücktritt.

Wir bekommen Einblick in das Problem der geistigen Führung, mit dem sich Vassula herumschlägt. Sie wußte gar nichts bezüglich mystischer Theologie und noch nicht einmal von der Möglichkeit übernatürlicher Eingriffe ins Menschenleben. Dennoch schreckte sie davor zurück, jene um Rat zu fragen, von denen man annehmen konnte, daß sie das erforderliche Wissen und einen entsprechenden Bildungshintergrund hatten. Sie sah sich dann auch gezwungen, weiterhin jenen gegenüber Mißtrauen zu hegen, bei denen sie allein Rat und Hilfe hätte suchen können.

Es wäre für Vassula selbst ganz unmöglich gewesen, durch diese anfängliche Prüfungsphase allein hindurchzukommen. Sie hätte dem Widersacher erliegen müssen, dessen Gegenwart zuweilen sehr spürbar war. Was ihre persönliche Fähigkeit anbelangt, diese ganze geistige Saga selbst zu erfinden, so war diese – das sage ich mit vollstem Bewußtsein meiner Verantwortung – so viel wie null. Wäre es nicht ein Geschehnis gewesen, das ihr zustieß, gab es für sie keinerlei Möglichkeit, so etwas zu erfinden. Die Art des Dialogs mit ihren Fragen und ihrem Widerstreben machen diesen Punkt recht klar und über jeden vernünftigen Zweifel erhaben.

Der Dialog mit dem Vater, in dem sich all das entfaltet, ist spannend zu lesen. Was hier deutlich hervortritt ist, wie der Vater auf eine in höchstem Maß persönliche Art und Weise Seine erste Offenbarung darbietet. Fast hätte ich gesagt: Sein Selbstportrait überreicht. Das ist zu unserer heutigen Zeit überaus kostbar.

Der Tonfall göttlicher Erwählung und Vorherbestimmung ist ausgeprägt auf diesen Seiten, und mit was für einer Empfindung der unerschöpflichen Güte und des Erbarmens! Man begegnet dem Einen, Allmächtigen, Schöpfer und Herrn aller Dinge. Der Sprachstil erinnert manchmal an das Alte Testament:

„Ich bin Jahwe, dein Schöpfer, und ihr seid Meine Kinder. Wohin, wohin gedenkt ihr zu gehen? Glaubtet ihr wirklich, ihr seid aus euch selbst entstanden? Glaubtet ihr, Ich hätte euch verlassen, oder Ich hätte nie existiert? Mein Wort ist lebendig und die Wahrheit. Es ist zu eurer Erleuchtung da und um euch verstehen zu helfen, wer Ich bin, was ihr seid. Mein Wort soll euch helfen, Mich zu finden ... Ich, Gott, bin euer Schöpfer. Ich habe euch erschaffen, weil Ich das Leben liebe ... Ich erschuf die Himmel. Ich habe alles erschaffen. Wie sonst, meint ihr, sei all das zustande gekommen? ... Laßt eure Akademien ... findet die Antwort auf die lebenswichtige Frage, warum ihr existiert ... etliche von euch nehmen sich nicht einmal die Mühe zu fragen, nehmen das Leben, wie es kommt, glauben nicht, daß eure Seele weiterlebt, wenn ihr einmal sterbt. Blind, blind und taub weigern sie sich zu sehen und zu hören. Habt ihr Angst vor dem Auffinden der Wahrheit? Ich bin die

Wahrheit ... seid ihr am Suchen? Ich bin der Weg ... Ich bin der Weg, und Ich liebe euch. Ich bin das Licht, das jedem leuchtet, damit er die Wahrheit erkennt. Geliebte Kinder, Mein Herz schmerzt, euch alle schlafend zu sehen. Wie könnte Ich nicht kommen und euch warnen? Wie könnte Ich euch allein lassen, wenn das Böse umgeht unter euch wie ein umherstreifender Wolf, bereit, euch zu verschlingen? Ich möchte euch aufwecken, damit ihr Mir begegnet."

(Engelbuch 2,16-18)

Beim weiteren Fortschreiten der heiligen Kommunikation tritt eine merkliche Veränderung ein, indem Vassula an Glauben, Erkenntnis und Gottesliebe zunimmt. Ihr Bedürfnis, sich zu vergewissern, läßt nach. Sie gewöhnt sich an diese ungewöhnliche Rolle, was eine offenere Sprache von seiten ihres göttlichen Besuchers erlaubt.

Diejenigen, die schon Hilfe erlangten aus der Lektüre früherer Bände von »Das wahre Leben in Gott«, werden durch den vorliegenden Band weiterhin erleuchtet, ermutigt und gestärkt. Jene, die sich bisher dieser gewaltigen Himmelsgabe nicht bewußt waren, werden eine neue Gelegenheit bekommen, der durch unseren Herrn in der Botschaft vom 17. November 1986 (Engelbuch 3, 17-18) erfolgten Einladung zu folgen:

„Erhebt eure Augen und schaut auf den Einen, der sich eurer jetzt annimmt. Versteht, daß Ich es bin, der euch diese Gaben zuteil werden ließ. Ja, Ich habe euch gesegnet und euch Meinen Frieden gegeben. Geliebte, ihr seid Mein. Lernt, wie Ich, Jahwe, arbeite. Lernt durch das Lesen Meines Wortes. Ich bin euer Lehrer. So verzweifelt nicht, weil ihr noch Anfänger seid in eurem Lernen ... fürchtet euch nicht ... kommt zu Mir, denn Ich bin euer Erlöser ..."

* * *

Vassula mit ihrem Engel Daniel

Vorwort

von Vassula Ryden

Das Nahen meines Engels

Am Anfang war eines der ersten Dinge, die mein Schutzengel zu Papier brachte, ein gezeichnetes Herz. Von der Herzmitte aus zeichnete er eine Rose, als ob sie aus dem Herzen hervorwüchse. Dann stellte er sich sanft und still, zu meinem großen Erstaunen, als mein Schutzengel Daniel vor. Er ließ mich verwirrt, doch zugleich in großer Freude zurück. Ich war so glücklich, daß ich rings ums Haus flog, wobei meine Füße kaum den Boden berührten, und ich es laut wiederholte: „Ich bin der glücklichste Mensch auf Erden und wohl der einzige, der auf solche Weise mit seinem Engel sprechen konnte!"

Am folgenden Tag kam mein Engel wie zuvor wieder. Ich verbrachte endlos freudvolle Stunden im Gespräch mit ihm. Und wiederum kehrte er am folgenden Tag zurück, dieses Mal aber brachte er zu meinem großen Erstaunen eine große Zahl Engel aus verschiedenen Chören mit. Ich fühlte, daß die Tore des Himmels plötzlich weit offen standen, indem ich ganz leicht die Bewegung der Engel von oben herab spüren konnte. Alle schienen freudig erregt, gerade als wenn jemand darauf wartet, daß etwas ganz Wundervolles geschieht. An der Art, wie sie sich freuten, begriff ich, daß im Himmel ein Fest gefeiert wurde. Es sangen alle Engel wie mit einer Stimme die Worte: „Ein frohes Ereignis steht bevor!" Ich wußte, was immer es sein mochte, es hatte unmittelbar mit mir zu tun, doch obschon ich mich sehr bemühte, es zu erraten, konnte ich dennoch nicht erkennen, was es war. Den ganzen Tag über wurde so im Chor gesungen, mit immer denselben Worten und nur ein paar Minuten der Stille zwischen den einzelnen Gesängen. Jedesmal wenn sich der Himmel auftat, wiederholten die Engel diesen Choral.

Die ersten Worte, die mein Engel über Gott aussprach, waren die folgenden: „Gott ist dir nahe und liebt dich!"

Ich muß den Herrn in dieser Minute sehr verwundet haben, denn Seine Worte ließen mich jedenfalls kalt. Als mein Engel diese

Worte über Gott aussprach, dachte ich – so erinnere ich mich – daß dies für einen Engel auszusprechen etwas ganz Gewöhnliches war, weil Engel ja in Gottesnähe lebten. Ich antwortete nicht, und mein Engel fügte auch nichts mehr hinzu.

Nur ein paar Tage später änderte mein Engel plötzlich seine Haltung mir gegenüber, und ich bemerkte, wie ernst er wurde. Mit einer sehr feierlichen Stimme forderte er mich auf, das Wort zu lesen. Ich gab vor, nicht zu wissen, was das Wort bedeutet, und fragte ihn nach seiner Bedeutung. Dadurch wurde mein Engel nur noch ernster und sagte, daß ich wohl wisse, was er meinte, indessen sagte er mir doch, daß es sich um die heilige Bibel handele. Ich hatte schon meine Antwort auf der Zunge und sagte, daß ich keine im Hause habe. Er sagte, das wisse er sehr wohl, daß ich keine habe. Er bat mich dann, zu gehen und eine zu holen. Ich argumentierte weiter mit ihm: er verlange da Unmögliches, da in einem Moslemland wie Bangladesch, wo ich lebte, die Buchläden keine Bibeln verkauften. Er sagte, dann solle ich eben direkt zu der amerikanischen Schule gehen, die mein Sohn besuche, um dort eine aus deren Bibliothek zu holen. Ich kämpfte mit mir, ob ich gehen oder einfach daheim bleiben, also mich weigern solle. Es kam nämlich noch hinzu, daß ich mir ganz verwirrt vorzustellen versuchte, wie verwundert mein Mann und meine sämtlichen Freunde auf all das reagieren würden. Wenn ich mit der Bibel in der Hand vor ihnen stünde – das war einfach unvorstellbar! Ich dachte mir schon aus, welche Plätze wohl als Versteck dafür in Frage kämen, sollte ich eine Bibel nach Hause bringen. Als ich aber wiederum den ernsten Blick im Antlitz meines Engels sah, beschloß ich, ihm zu gehorchen, ging also zur Schule und sah dort verschiedene Bibeln in den Regalen an. Ich wählte eine aus und trug sie heim, schlug sie auf, um darin zu lesen, wie mein Engel mich geheißen hatte. Mein Blick fiel auf die Psalmen. Ich las, doch verstand ich auch nicht ein Wort. Das war ein Zeichen von Gott und sollte mir zeigen, wie blind ich war.

Die Läuterung

Mein Engel kam, immer noch sehr ernst, zu mir zurück und hielt mir gewisse Handlungen vor, die ich während meiner Lebenszeit ausgeführt hatte und die Gott sehr mißfielen. Dann hielt er mir vor, wie ich Gott Seine Gaben ins Gesicht geworfen hatte – Gaben, die Er mir gegeben und die ich überhaupt nicht zu würdigen gewußt hätte.

Damit fing er an, mich an nie eingestandene Sünden zu erinnern und sie mir zu zeigen. Er ließ sie mich wie auf einem Bildschirm sehen. Er brachte mir das Ereignis in Erinnerung und ließ mich sehen, wie sehr es Gott verletzt hat. Doch die ernstesten Verweise erhielt ich über meine Ablehnung der Gaben Gottes. Mein Engel sagte mir, daß es eine große Verletzung Gott gegenüber sei, Seine Gaben abzulehnen und wegzuwerfen. Er ließ mich meine Sünden mit den Augen Gottes sehen, so wie Gott sie sieht, und nicht so, wie wir sie sehen. Sie waren so riesengroß, daß ich mich selbst verachtete, während ich bitterlich weinte. Der Zustand, in den ich so versetzt wurde – so begriff ich später – war eine Gnade von Gott, weil ich dadurch aufrichtig bereuen konnte. Es wurden mir meine Sünden so kristallklar deutlich gezeigt, das Innerste meiner Seele wurde so offen bloßgelegt, daß es war, als kehrte sich das Innerste nach außen. Ich gewahrte plötzlich, wie Adam und Eva sich nach dem Sündenfall vorgekommen sein müssen, als Gott sich vor ihrem Angesicht in Seinem Lichte zeigte. Meine Seele trat unverhüllt offen zutage. Ich kam mir vor wie nackt, abscheulich und häßlich. Ich konnte meinem Engel unter Schluchzen und Seufzen nur sagen, daß ich keinen ehrenhaften Tod verdiene und ich so, wie ich bin, so durch und durch böse, den Tod verdient habe und in Stücke gehackt und den Hyänen vorgeworfen werden sollte.

Dieser Läuterungsvorgang muß sich nahezu über eine Woche erstreckt haben. Ich fühlte mich wie im Feuer, in einem Reinigungsfeuer, welches das Innere meiner Seele läuterte, und das war in der Tat eine sehr schmerzhafte Erfahrung.

Das Vaterunser vom Schöpfer gelehrt

Nach dieser Erfahrung, die mich ganz zerschmettert zurückließ, offenbarte sich mir Gott, unser ewiger Vater. Ich sah Ihn nicht mit den Augen meiner Seele, wie ich meinen Engel üblicherweise sah, sondern ich wußte, es war Er, und ich hörte Ihn. Ich erinnere mich meiner Reaktion darauf. Es war wie ein: „Ach, es ist Gott, und Er kann uns jetzt helfen!“ Deshalb fragte Er mich: „Glaubst du wirklich, daß Ich euch helfen kann?“ Und ich antwortete Ihm: „Ja!“ Dann erinnere ich mich, daß ich auf das Fenster zuging und zu Ihm sagte: „Schau! Schau, wie die Welt geworden ist!“ Ich wollte Ihm den Zustand der Welt zeigen. Gott gab keinen Kommentar dazu, sondern bat mich, zu Ihm das Vaterunser zu beten. Ich betete zu Ihm das Vaterunser, während Er bei mir war und zuhörte, und als ich geendet hatte, sagt Er, daß Ihm die Art und Weise, wie ich es bete, nicht gefalle, weil ich es zu schnell bete. So wiederholte ich es von vorne bis hinten nochmals vor Ihm, aber diesmal langsamer. Wieder sagte Er mir, daß er nicht erfreut sei, weil ich mich bewegt habe. Er bat mich, es nochmals zu beten. Ich betete es wieder und wieder, und zuletzt sagte Gott, daß es Ihn immer noch nicht befriedige. Ich betete es noch mehrmals, doch jedes Mal sagte Er, es gefalle Ihm nicht. Ich fing an, mich zu wundern und zu fragen, ob ich wohl an einem einzigen Tag alle Vaterunser nachholen solle, die ich während all dieser Jahre zu beten unterlassen habe. Ich hatte am Morgen damit begonnen, und nun war es Nacht. Plötzlich war Er dann zufrieden und sagte zu jedem Satz, den ich aussprach, voll Freude: „Gut!“ Ich werde versuchen, ein Beispiel zu nennen, um zu erklären, was da tatsächlich vorging:

Wenn man einmal von einem Verwandten, den man nie zuvor gesehen hatte, weil er in einem anderen Land wohnte, Besuch bekommt, dann neigt man im ersten Anfang der Begegnung dazu, sich fremd zu fühlen und sich vielleicht steif zu benehmen. Doch je mehr im Laufe des Tages die Zeit verstreicht, um so näher fühlt man sich ihm gegenüber, und am Ende des Tages merkt man, daß sich eine Sympathie in uns herangebildet hat, die zuvor nicht da war.

So war es bei meiner ersten Begegnung mit Gott auch. Als ich das Vaterunser zu Gott betete, war ich am Anfang innerlich auf Distanz, doch Sein Besuch, der den ganzen Tag andauerte, veränderte mich so, daß, wenn ich dieses Gebet zu Ihm sprach, ich Seine Gegenwart genoß, und die Worte, die ich Ihm sagte, nahmen Bedeutung an. Er war so väterlich, überaus zärtlich und sehr warmherzig. Der Klang Seiner Stimme ließ in mir solch ein Wohlgefühl entstehen, daß ich mich im Verlauf des Tages, statt „Ja, Herr“ zu sagen, plötzlich überrascht „Ja, Papa“ sagen hörte. Ich habe mich dann später bei Gott dafür entschuldigt, doch Er sagte, daß Er dieses Wort wie ein Juwel aufgenommen habe. Er schien sehr erfreut. Und auf diese Weise kam mir schließlich zum Bewußtsein, daß

Gott Gefühle hat und Er deshalb wollte, daß ich zu Ihm das Vaterunser mit meinem Herzen sprach.

Angriffe Satans

Ehe ich in diesen Abschnitt hineingehe, möchte ich schreiben, was P. Marie-Eugen in seinem Buch »Ich bin eine Tochter der Kirche« über dämonische Angriffe sagt:

„Was auf dem Spiel steht in dieser Begegnung zwischen dem Menschlichen und dem Göttlichen, der Reinheit Gottes und der Unreinheit der Seele, ist zu wichtig für den Teufel, als daß er nicht mit aller ihm verfügbaren Gewalt dazwischenfahren würde. Doch nur kurze Zeit – und die durch die dunkle Nacht geläuterte Seele wird sicher sein vor seinen Angriffen, und sie wird für ihn etwas Fürchterliches sein. Daher bedient sich der Teufel seines Vorteils, den er wegen ihrer Unreinheiten und ihrer Bindung an die Sinne noch besitzt. Der hl. Johannes vom Kreuz bemerkt, daß der Böse seine Stellungen auf dem Weg, der von den Sinnen weg und hin zum Geist führt, mit großer Schlauheit verteidigt."

(Aus: »Lebendige Flamme«, Johannes v. Kreuz)

„Die Dunkelheit dieser Regionen, die Verwirrung der Seele, die durch die Neuheit ihrer Erfahrungen und die Intensität ihres Leidens durcheinandergebracht ist, schafft besonders günstige Bedingungen für das Eingreifen des Fürsten der Finsternis und der Lügen."

Bei gewissen äußeren Anzeichen von Ruhe und tiefer Stille in den Sinnen errät der Teufel leicht, daß die Seele göttliche Mitteilungen erhält. Unser mystischer Lehrer sagt darüber:

„Von den Gunstbezeugungen, die durch einen guten Engel kommen, erlaubt Gott dem Feind für gewöhnlich Kenntnis zu nehmen: teils deshalb, damit er dagegen etwas unternehmen kann, soviel immer er vermag, innerhalb gewisser Grenzen, nach dem Maß dessen, was gerecht ist, und nicht rechtens behaupten kann, daß ihm keine Gelegenheit gegeben werde, die Seele zu erobern, wie er es hinsichtlich des Hiob behauptete."

(Aus: »Dunkle Nacht«, Johannes v. Kreuz)

„Solcherart sind die Tatsachen in der Frage der dunklen Nacht des Geistes sowie der Ursachen, die sie hervorbringen. Diese Nacht ist

Begegnung oder eher noch wahrer Kampf zu nennen, der von der liebevollen Weisheit vorgesehen ist. Gott errichtet Seine vollkommene Herrschaft in der Seele erst, nachdem ihre Ungeeignetheit für das Göttliche von ihr weggenommen und alle Kräfte des Bösen, die Macht über sie haben, besiegt sind."

Das sei gesagt zum besseren Verständnis des Lesers, weshalb Gott dem Satan hier Freiraum gewährt.

Gleich nachdem ich diesen wundervollen Tag mit unserem Vater im Himmel verbracht hatte, brach die ganze Wut der Hölle aus. Auf eine sehr wütende Art griff mich Satan an. Das erste, was ich von ihm hörte, klang mehr wie das Geheul eines wilden Tieres als der Ton einer Stimme. Dieses Geheul schien zu sagen: „Geh!" – „Geh!" bedeutete wohl, daß ich aufhören solle, mit meinem Engel und mit Gott die Verbindung zu pflegen. Völlig verärgert wandte ich mich nach allen Seiten auf der Suche nach meinem Engel, doch Satan schien ringsum allen Raum eingenommen zu haben und begann mir voller Gehässigkeit alle möglichen Namen anzuhängen. Er verursachte dabei in meiner Seele solche Qual und solchen Schrecken, daß ich daran hätte sterben können, ja wohl auch gestorben wäre, wäre es nicht so gewesen, daß Gott noch einen Plan für mich hatte. Eine solche Wut hatte ich nie zuvor verspürt. Ich befahl ihm zu weichen, was seine Wut aber noch mehr zu steigern schien. Es war wie das Rasen eines Verrückten. Schäumend vor Wut und wie einer, der völlig den Verstand verloren hat, brüllte er mit sehr heiser krächzender Stimme: „Wie? Verschwinde von hier, du H ... – weg, oder das Höllenfeuer macht dir den Garaus!" Ich hörte mich ihm antworten: „Nein!" Mit meinem Nein meinte ich, daß ich weder die Gegenwart Gottes noch meinen Engel jemals verlassen werde. Er fauchte dagegen, daß ich verdammt sei, und gab mir alle möglichen schmutzigen Schimpfnamen.

Es ist schwierig, die Qual zu beschreiben, die der Teufel in die Seele eingießen kann. Dieses Phänomen ist etwas, das einem geschieht und das sich nicht beherrschen läßt, obwohl die Logik des Verstandes dir sagt, daß du dennoch nicht verrückt bist. Diese Qual kam gewöhnlich in Schüben, denn als ob Satan selbst nicht genug wäre, sandte er noch andere Dämonen, mich anzugreifen. Wenn sie ihren Angriff starteten, dann kam etwas ganz Schreckliches auf, das in mir heranwuchs und nichts mit äußerlicher Furcht zu tun hat. Es war ein Gefühl, das ich aber nicht von mir weisen konnte.

Mein armer Engel konnte mir in diesen schrecklichen Augenblicken, Augenblicke, die mich manchmal glauben ließen, ich würde den Verstand verlieren, nur ein Wort zurufen: „Bete!" Ich betete und bat meinen Engel, mir aus diesem Erlebnis herauszuhelfen, denn es schien endlos zu dauern.

Die Schlacht zwischen meinem Engel und Satan

Als ob es noch nicht genug gewesen wäre, am Tage geplagt zu werden, kam Satan auch noch nachts. Er ließ mich nicht mehr schlafen. Jedesmal, wenn ich am Einschlafen war, versuchte er mich zu ersticken. Manchmal spürte ich ihn wie einen Adler, der seine Krallen in meinen Magen bohrte und allen Lebensatem aus mir herauspreßte. Ich spürte die Schlacht rings um mich her toben, dann wieder, wie ich inmitten dieser Schlacht zwischen meinem Engel und dem Teufel mich befand. Dann, eines Tages, als wäre gar nichts gewesen, hörte alles auf. Satan gab seine Angriffe auf, und ich hatte ein paar Tage Frieden. Alle diese Erfahrungen ließen mich ziemlich geschwächt zurück, doch war ich danach noch stärker als zuvor meinem Engel zugetan.

In meinen Augen fing mein Schutzengel an, mir alles zu sein, er nahm mein ganzes Leben ein. Ich klammerte mich an ihn, sozusagen wie ans liebe Leben. Ich erkannte, wie sehr unser Schutzengel uns Schutz bietet, uns liebt, für uns sorgt, uns behütet, um uns schreit, für uns betet, mit uns leidet und alles mit uns teilt. Leiden wie Freuden wurden geteilt.

Da der Teufel zu seinem eigenen Schrecken erriet, was Gott mit mir vorhatte, kehrte er wieder auf den Kampfplatz zurück. Schlau, wie er war, änderte er diesmal die Strategie. Er benützte die klassische Weise, mich zu täuschen, und erschien mir als mein Engel. Er betrachtete es als sehr wichtig, mir Gott zu beschreiben. Sein Ziel dabei war – da er annahm, daß Gott mir wegen einer Mission nahe – mich Gott auf falsche Art und Weise fürchten zu lassen, damit, wenn Gottes Zeit gekommen war, mit mir in Verbindung zu treten, ich dann vor Ihm weglaufen würde.

Ich gebe zu, daß er es anfänglich fertigbrachte, mich zu täuschen, und daß ich glaubte, was er über Gott sagte, denn er benützte meine Unwissenheit, um mein Gehirn mit einem falschen Bild von Gott zu füttern, ihm ein verkehrtes Gottesbild einzuspeisen.

Er stellte mir Gott als zu fürchtenden Richter dar, der wenig duldsam gegenüber seinen Geschöpfen wäre und schon beim geringsten Fehler unsererseits uns furchtbar strafen würde. Das ging ein paar Tage so.

Ich kam in ein Stadium, wo ich nicht mehr unterscheiden konnte, wer nun wer war. Ich konnte nicht sagen, ob ich mit meinem Engel zusammen war oder ob es der Böse war, der meinen Engel nachäffte. Ich hatte niemanden, an den ich mich um Rat wenden oder von dem ich Rat entgegennehmen konnte. Ich war ganz allein. Ich wollte mich in dieser Sache nicht meinem Mann anvertrauen, aus Angst, ihn gegen mich aufzubringen. Satan, der nun glaubte, die Oberhand gewonnen zu haben, fing an, den Knoten enger zu ziehen, indem er wieder Anzeichen von Bosheit zeigte und mich solcherart verwirrte. Um das Übel zu verschärfen, brachte er von Tag zu Tag mehr Dämonen mit, die sich über mich hermachten, so daß es für meinen Schutzengel sehr schwer wurde, mich zu beschützen. Gott gestattete mir einmal mitanzuhören, wie der Teufel seinen Engeln Marschbefehl erteilte, um auf mich loszugehen und mich lahmzulegen. Diese gefallenen Engel umgaben mich dann, verspotteten mich, logen mich an und gaben mir alle möglichen Schimpfnamen, nannten mich auch spöttischerweise Pia. Gott ließ all dieses zu, denn auch das war eine Art und Weise, die Er gebrauchte, um meine Seele zu läutern.

Meine Läuterungen setzen sich weiter fort

Es vergingen ein paar Tage, und plötzlich bat mich mein Schutzengel, zum Seminar zu gehen und einen Priester aufzusuchen, um ihm die Botschaften zu zeigen. Ich tat genau, was er mir sagte. Doch wurde ich sehr enttäuscht. Ich hatte hohe Erwartungen gehegt, und was ich bekam, war ein Schlag. Der Priester meinte, ich durchlaufe eine psychologische Krise und befände mich am Rande einer Schizophrenie. Er wollte meine beiden Hände sehen. Er nahm meine beiden Hände und analysierte sie. Ich wußte, was er vorhatte: Er versuchte, irgendwelche Anzeichen für Abnormität in meinen Händen zu finden, wie sie bei gewissen mentalen Störungen in Erscheinung treten. Er glaubte, Gott habe ihm dieses schwere Kreuz, das ich für ihn war, zu tragen geschickt. Er bedauerte mich und bat mich, zu jeder Zeit bei ihm vorzusprechen. Ich besuchte ihn jeden zweiten oder dritten Tag. Ich ging nicht gerne hin zu ihm, weil er mich anfangs eben als einen Fall von Geistesstörung behandelte. Das ging so ungefähr drei oder vier Monate. Der einzige Grund dafür, weshalb ich ihn weiterhin aufsuchte, war der, ihm zu beweisen, daß ich eben doch nicht geistesgestört war. Nach einiger Zeit erkannte er schließlich, daß ich gesund war. Eines Tages meinte er sogar, was ich da hätte, könnte ein Charisma von Gott sein.

Mein Schutzengel führte mich inzwischen Gott näher, und eine der ersten Lektionen, die er erteilte, bezog sich auf die rechte Unterscheidung. Diese Lehren über Unterscheidung machten den Teufel sogar noch wütender, bedeutete es doch, daß ich schließlich den Unterschied merken würde, selbst wenn er als Lichtengel auftritt.

Mein Engel sagte mir, daß Jesus sich mir nähere und seine (des Engels) Mission sich ihrem Ende zuneige. Als ich das hörte, war ich traurig. Ich wollte nicht, daß mein Engel mich verließ. Er versuchte, mir zu erklären, daß er ja nur Gottes Diener sei und ich mich jetzt zu Gott hinwenden solle, daß es seine Aufgabe an mir sei, mich zu Gott zu bringen und mich Ihm dann sicher zu übergeben. Doch das war nur um so schmerzlicher für mich. Ich ertrug die Vorstellung nicht, von einem Tag zum anderen nicht mehr mit meinem Engel Umgang pflegen zu können.

Wie mir mein Engel Daniel vorhergesagt hatte, trat eines Tages Jesus an seinen Platz. Als Er sich mir offenbarte, fragte Er mich: „Welches Haus ist wichtiger, dein Haus oder Mein Haus?“ Ich antwortete Ihm: „Dein Haus.“ Ich fühlte, daß Er mit meiner Antwort zufrieden war. Er segnete mich und ging.

Wieder kam anstelle meines Engels der Herr zu mir und sprach: „Ich bin es“, und als Er mich zögern sah, sagte Er klar und deutlich: „Ich bin es, Gott.“ Doch statt zu frohlocken, war ich unglücklich. Ich vermißte schrecklich meinen Engel. Ich liebte meinen Engel innig, und der bloße Gedanke, er könnte nicht mehr wiederkommen, weil sein Platz von Gott eingenommen wurde, brachte mich völlig durcheinander. Ich möchte hier erwähnen, was mir der Herr hinsichtlich der Liebe, die ich zu meinem Engel hatte, sagte, nämlich, daß nie jemand seinen Engel so sehr geliebt habe wie ich, und Er hoffe, mir eines Tages die Worte sagen zu können: „Kein Mensch hat Mich je in deinem Zeitalter so sehr geliebt wie du es hast!“

Nun hielt sich mein Engel also im Hintergrund. Gott fragte mich: „Liebst du Mich?“ Ich sagte ja. Er machte mir keine Vorwürfe, ich liebe Ihn nicht genug, sagte dafür aber sehr sanft: „Liebe Mich mehr!“

Sonst, wenn der Herr sich mir offenbarte, sagte Er mir: „Belebe Mein Haus neu!“ und „Erneuere Mein Haus!“ Ich kann mich nicht erinnern, ob und was ich antwortete, doch wußte ich: Das, worum Er mich bat, war unmöglich.

An den folgenden Tagen besuchte mich entweder mein Engel oder Jesus, manchmal beide zur selben Zeit. Mein Engel predigte zu mir und bat mich darum, Frieden mit Gott zu schließen. Als er mich darum bat, war ich sehr überrascht, und ich sagte ihm, daß ich doch gar keinen Krieg mit Gott führe, wie ich da Frieden schließen könne mit Ihm?

Gott bat mich wiederum, Ihn zu lieben. Er bat mich, mit Ihm so innig vertraut wie mit meinem Engel zu werden, das heißt, frei heraus zu Ihm zu sprechen, doch ich konnte es nicht. Ich empfand Ihn immer noch als einen Fremden und nicht als einen Freund. Mein Engel erinnerte mich, daß er nur Gottes Diener sei und daß ich Gott lieben und Ihn verherrlichen sollte. Je mehr er mich auf Gott hinstieß, um so panischer wurde meine Furcht, er könnte mich verlassen. Er hieß mich, mich ganz Gott anheimzugeben, ich aber tat es nicht.

Inzwischen hatte Satan nicht aufgegeben, sondern hoffte, mich in meinem schwachen Zustand doch noch zu kriegen. Es wurde mir von Gott ein- oder zweimal das Mitanhören des Gesprächs zwischen Jesus und Satan gestattet. Satan bat Ihn, mich auf die Probe zu stellen. Er sagte zu Jesus: „Wir wollen mal sehen, wie das mit deiner Vassula wird … deine liebe Vassula wird dir nicht die Treue halten, sie wird fallen, und das ist gut so für diesmal, ich kann es dir in den Tagen ihrer Prüfungen beweisen.“ Und so wurde Satan von neuem erlaubt, mir allerlei Arten von Versuchungen aufzuerlegen. Unglaubliche Versuchungen! Jedesmal, wenn ich merkte, daß es sich um eine Versuchung handelte und ich diese überwand, legte er mir eine noch größere Versuchung in den Weg – Versuchungen, die meine Seele höllenreif gemacht hätten, wenn ich ihnen nachgegeben hätte. Dann begannen seine Angriffe wieder von vorne. Er spritzte mir siedendes Öl auf den Mittelfinger, an den ich beim Schreiben meinen Stift lege. Sofort erschien auch eine

Blase, und ich mußte den Finger umwickeln, um beim Schreiben den Stift halten zu können. Der Teufel versuchte nochmals und fester denn je, mich von meinem Austausch mit Gott und vom Schreiben abzuhalten. Ich schrieb unter großen Schmerzen. Jedesmal wenn mein Finger heilte, wiederholte er dieses nochmals und nochmals, und doch schrieb ich wochenlang weiter, aber nicht ohne Leiden.

Als meine Familie nach Thailand in den Urlaub fuhr, bestiegen wir ein Boot, um auf eine Insel zu fahren. Auf der Rückfahrt, als wir in den Hafen einliefen, schwankte das Boot, und ich verlor das Gleichgewicht. Um nicht zu fallen, ergriff ich das Erstbeste, was mir in Sicht kam, und das war leider das Auspuffrohr des Bootes, das glühend heiß war. Ich verbrannte mir die ganze rechte Handfläche. Mein erster Gedanke war: „Wie soll ich jetzt schreiben?" Meine Hand schwoll an, wurde rot und sehr schmerzhaft. Wir waren noch eine halbe Stunde vom Hotel entfernt, doch als wir dort ankamen, war die ganze Schwellung schon weg und der Schmerz auch. Ich hatte kein Anzeichen einer Verbrennung mehr! Der Herr sagte mir später, Er habe dem Satan nicht gestattet, so weit zu gehen, und Er habe meine Hand geheilt.

Der Teufel probierte es auch noch auf andere Art, mich vom Schreiben abzuhalten. Er erschien meinem Sohn (der damals zehn Jahre alt war) im Traum. Er nahm die Gestalt eines alten Mannes an und sagte ihm, neben seinem Bett sitzend: „Du solltest deiner Mutter sagen, sie möge aufhören mit Schreiben, und wenn sie es nicht tut, werde ich mit dir dasselbe machen, was ich mit ihr tat, als sie noch jung war. Ich werde kommen, während du im Bett liegst, deinen Kopf zurückreißen und dich ersticken."

Genau das war es, was ich mit vielleicht sechs Jahren erlebt hatte. Ich hatte damals eines Nachts, während ich im Bett lag, gerade über meiner Kehle zwei fürchterlich häßliche Hände eines alten Mannes gesehen. Das nächste, was ich merkte, war, daß etwas meinen Kopf nach hinten riß, so daß meine Gurgel hervorschaute. Dann folgte nichts mehr. Aber es ließ mich in zitterndem Zustand zurück.

Satan hatte mich von meinen frühen Tagen an verfolgt, denn als ich so ungefähr sechs Jahre alt war, erschien er mir fast jede Nacht im Traum, um mich zu erschrecken. Er nahm dabei die Gestalt eines großen schwarzen Hundes an. Es war immer derselbe

Traum. Ich ging da einen düsteren Korridor entlang, und an dessen Ende wartete knurrend dieser Hund, bereit, mich anzuspringen und in Stücke zu reißen, und ich floh jeweils voller Schrecken.

Als ich ungefähr zehn war, sah ich Jesus in meinem Traum. Er war auch am Ende von einer Art Korridor. Ich sah nur Sein Bild, und zwar nur bis zur Taille. Er lächelte und sagte: „Komm, komm zu Mir!“ Ich wurde plötzlich von einer unbekannten Strömung erfaßt und immer näher zu Ihm hingezogen. Ich war ängstlich wegen dieser unbekannten Strömung, und Jesus merkte meine Furcht und lächelte mir zu. Diese Strömung zog mich ganz hin zu Jesus, bis mein Gesicht bei Seinem Antlitz war.

Ungefähr zwölfjährig hatte ich eine weitere mystische Erfahrung. Es war meine geistige Vermählung mit Jesus, wiederum in einem Traum. Ich war als Braut gekleidet, und mein Gemahl war Jesus. Ich konnte Ihn nur nicht sehen, doch wußte ich: Er war da. Die Leute, die zugegen waren, begrüßten uns froh mit Palmwedeln in den Händen. Wir sollten den Hochzeitsweg zurücklegen. Gleich nachdem die Vermählung vorüber war, trat ich in einen Raum, in dem sich unsere heilige Mutter mit der heiligen Maria Magdalena und zwei weiteren heiligen Frauen befanden. Unsere heilige Mutter kam glücklich strahlend auf mich zu, um mich zu umarmen. Sie fing sogleich an, mein Kleid und meine Haare zu ordnen, und ich merkte, sie wollte mich für ihren Sohn präsentabel machen.

Satan fährt fort mit verschiedenen Angriffen

Der Teufel wußte wohl, was für einen Horror ich vor Küchenschaben habe. Ich schreibe nicht gern davon, doch fühle ich mich dazu verpflichtet, um zu zeigen, wie der Teufel gegen mich wütete. Eines Tages machte ich beim Verlassen eines Raumes die Türe zu und spürte dabei plötzlich einen Spritzer, ohne zu verstehen, woher die Flüssigkeit kam. Da hörte ich plötzlich Satan lachen und höhnisch zu mir sagen: „Das ist die Art, wie ich taufe. Das ist die Art Weihwasser, die du verdienst!“ Dann sah ich erst, was geschehen war: Eine große Küchenschabe oder Kakerlake hatte ich beim Türeschließen im Türrahmen zerquetscht ... Ich wäre fast gestorben, so ekelte es mich an! – Zwar schreibe ich nicht gern so viel über Satansattacken, doch möchte ich immerhin zeigen, wie sehr er gegen mich wütete, damit ja diese Botschaft nicht herauskomme, und um mich von der Aufgabe fernzuhalten, die der Herr für mich vorbereitete!

Eines Tages beschloß er wieder einmal, die Strategie zu wechseln. Um mich hinters Licht zu führen, nahm er genau das Aussehen meines verstorbenen Vaters an. Auch seine Art zu sprechen war dieselbe – eine perfekte Imitation. Er sprach zu mir auf Französisch, wie mein Vater es hie und da tat, und sagte: „Meine Liebe, schau ... Gott sendet mich aus Erbarmen zu dir, um dir zu sagen, daß du im Irrtum bist. Wie konntest du glauben, Er kommuniziere mit dir auf diese Art und Weise? Diese Dinge sind, wie du wohl weißt, unmöglich, und du beleidigst und ärgerst Gott nur damit. Denke doch, Gott spricht zu dir? Wo hat man je so etwas gehört? Nur Verrücktheit bringt dich dahin, so etwas zu glauben!" Ich fragte: „Gut, aber was ist mit meinem Engel, bei Engeln ist das doch wohl möglich?" Als er dann sagte: „Ach so, dieser ...", da erfüllte sich seine Stimme derart mit Haß, daß ich Satan wieder einmal erkannt hatte.

Die Wüste und die dann folgende totale Selbstübergabe

„Darum will ich sie verlocken und herausführen aus der Wildnis und zu ihrem Herzen sprechen" (Hos 2, 16).

Nun wollte Gott, daß ich mich Ihm völlig übergab. Er wollte mich mit Sich vereinigen und ganz Sein machen. Er wollte mich formen und umwandeln. Ich aber wollte mich nicht Seinem Wunsch entsprechend aushändigen, und so hatte ich eine weitere Läuterung für meine totale Selbstübergabe an Gott zu erleiden, damit ich erst einmal Frieden mit Ihm schloß. Folgendes geschah: Ich rief Gott, und zu meinem Erstaunen erfolgte keine Antwort. Ich erschrak und schaute mich dann nach meinem Engel um, doch auch dieser war nicht auffindbar. Statt dessen spürte ich ein paar Seelen mich umgeben, die sich mir wie Bettler nahten.

Als Teenager pflegte ich mit den Augen meiner Seele viele Seelen um mich her zu sehen. Alsdann sagte ich mir: „Aha, da sind wieder die Verstorbenen!" Sie erfüllten den Raum, in dem ich war. Sie schienen nahe beieinander auf dem Fußboden zu sitzen. Ich spürte, daß sie meine Gegenwart genossen. Sie schienen alle gleich – ohne Haare und gräulich im Aussehen. Ihr ganzes Wesen war wie graue Asche. Sie machten keinerlei Geräusch und schienen mich tatsächlich nicht stören zu wollen. Diese Szene ereignete sich während mehrerer Jahre immer wieder. Später erklärte mir Jesus all das. Er sagte, diese Seelen warteten auf meine Gebete, wenn ich einmal bekehrt sein würde.

Sie baten um meine Gebete, um Segnung und um Weihwasser. Ich ging sogleich zur Kirche und brachte für sie Weihwasser mit. Sie baten mich, es über sie zu sprengen, und das tat ich. Diese Geste zog noch mehr Seelen an, und unverzüglich hatte ich eine riesengroße Menge um mich. Zu meiner Überraschung schien es, sie von ihren Schmerzen zu befreien, und ihre Freude war groß. Einer unter ihnen bat mich, für ihn hie und da zu beten und ihm einfach nur einen Segen zu geben. Ich wußte nicht, wie, so hieß er mich, einfach nur ein Gebetlein zu sprechen und ihn zu segnen. Ich betete, wie er mich gebeten hatte, und segnete ihn. Er dankte mir voll Freude, und er selbst segnete mich dann auch. All das war mir noch neu, doch fühlte ich, daß sie Erleichterung empfanden und sich freuten. Ich nahm die Gelegenheit wahr, sie zu fragen, ob sie nicht wüßten, wo mein Engel ist, derjenige, den mein Herz schon zu lieben begonnen habe. Doch bekam ich keine Antwort.

Jeder Tag, der so in diesem Alleinsein verging, kam mir lang wie ein Jahr vor. Ich hielt Ausschau nach Frieden und konnte ihn nicht finden. Ich war von vielen Freunden und Leuten umgeben, doch fühlte ich mich nie so einsam und verlassen wie damals. Es kam mir vor, als ginge ich durch die Hölle. Oftmals schrie ich nach meinem Engel, er möge zurückkehren zu mir, aber nein – er war und blieb verschwunden. Meine Seele war wegen seiner Flucht völlig am Boden. Ich suchte nach ihm und fand ihn nicht, ich rief zu ihm, doch er antwortete nicht. Ich irrte drei Wochen lang in der Wüste umher, mehr tot als lebendig, bis ich es nicht länger ertragen konnte und in dieser schrecklichen Nacht, die meine Seele durchlitt, unter Tränen von ganzem Herzen und wie nie zuvor nach Jahwe rief: „Vater!! … wo bist Du? … Vater? … Warum hast Du mich verlassen? O Gott, nimm mich! Nimm mich und benütze mich, wie Du es wünschst! … Läutere mich so, daß Du mich brauchen kannst!“

Mit diesem durchdringenden Schrei, der aus den Tiefen meines Herzens kam, öffnete sich plötzlich der Himmel, und wie Donner erscholl die Stimme des Vaters gefühlvoll zu mir zurück: „Ich, Gott, liebe dich!“ Diese Worte waren wie Balsam auf die nicht geringen

Wunden, die meine Seele empfangen hatte, und sie heilten auf der Stelle. Ich fühlte in jenen von Gott gesprochenen Worten Seine unendliche Liebe.

Gleich nach diesen Worten der Liebe erschien es mir, als falle ich aus einem Tornado heraus in einen schönen, friedvollen Garten. Mein Engel erschien wieder, und mit großer Zartheit begann er, meine Wunden, die ich beim Durchqueren dieser endlosen Wüste bei Nacht empfangen hatte, zu verbinden.

Jahwe bat mich dann, die Bibel zu öffnen und zu lesen. Der erste Absatz, den ich las, rührte mich zu Tränen und offenbarte mir voll Erstaunen das Herz Gottes, denn ich las da in Exodus 22, 25-26 die folgenden Worte:

„Nimmst du von einem Mitbürger den Mantel zum Pfand, dann sollst du ihn bis Sonnenuntergang zurückgeben; denn es ist seine einzige Decke, der Mantel, mit dem er seinen bloßen Leib bedeckt. Worin soll er sonst schlafen? Wenn er zu mir schreit, höre ich es, denn ich habe Mitleid."

Gott erklärte mir nicht sofort, was da in diesen drei Wochen aus Seinen eigenen besonderen Gründen heraus geschah, viel später erst, am 22. Dezember 1990, gab er mir dafür folgende Erklärung. Hier sind Seine eigenen Worte:

„... Mein Herz, ein Abgrund der Liebe, schrie nach dir. Du hattest Kummer über Kummer in Mein Herz gehäuft, Verrat über Verrat. Du rangst mit Mir, winzig kleines Geschöpf ... doch Ich wußte, daß dein Herz kein geteiltes Herz ist, und daß, wenn Ich es einmal erobert hätte, es völlig Mein sein würde. Als ein Objekt deiner Zeit rangst du mit Mir, doch habe Ich dich in der Schlacht überwältigt und in den Staub gezogen und in die Wüste geführt, wo Ich dich ganz allein ließ. Seit Anbeginn deiner Existenz hatte Ich dir einen Schutzengel beigegeben, um dich zu behüten, zu trösten, zu führen. Doch meine Weisheit befahl deinem Schutzengel, dich zu verlassen und dich der Wüste allein gegenüberstehen zu lassen. Ich sprach: ‚Du sollst leben trotz deiner Nacktheit!' (Ich wurde „nackt" in dem Augenblick, wo mir mein Schutzengel und der ganze Himmel den Rücken gekehrt hatten.) Denn kein Mensch kann allein (verlassen vom Himmel) überleben. Satan hätte dich ganz übernommen und dich umgebracht. Mein Befehl war auch ihm gegeben. Ich verbot ihm, dich anzurühren. Dann erinnertest du dich in deinem Schrecken an Mich und schautest zum Himmel empor und suchtest Mich verzweifelt. Deine Klagen und Bitten durchbrachen plötzlich die tödliche Stille, die dich umgab, und deine erschreckten Schreie drangen durch die Himmel und erreichten das Ohr der Heiligen Dreifaltigkeit ... ‚Mein Kind!' Des Vaters Stimme erklang freudvoll durch alle Himmel. ‚Ach, ... (Es sprach jetzt der Sohn.) Ich werde sie jetzt Meine Wunden durchdringen lassen und sie Meinen Leib essen und Mein Blut trinken lassen. Ich werde sie Mir anvermählen, und sie wird die Meine für alle Ewigkeit. Ich werde ihr die Liebe zeigen, die Ich für sie habe, und ihre Lippen von nun an nach Mir dürsten lassen, und ihr Herz wird zum Ruhekissen Meines Hauptes. Sie wird sich eifrig täglich Meiner Gerechtigkeit unterwerfen, und Ich werde sie zum Altar Meiner Liebe und Meiner Passion machen. Ich, und nur Ich werde ihre einzige Liebe und Passion sein, und Ich werde sie mit Meiner Botschaft zu den Enden der Erde senden, um ein unfrommes Volk zu besiegen, und sie zu einem Volk senden, das nicht ihr eigenes ist. Und freiwillig wird sie Mein Kreuz des Friedens und der Liebe tragen, den Kalvarienberg hinauf.' ‚Und Ich, der Heilige Geist, werde auf sie herabkommen, um ihr die Wahrheit und Unsere Tiefen zu offenbaren (der Heiligen Dreifaltigkeit). Ich werde die Welt durch sie daran erinnern, daß die größte aller Gaben die Liebe ist.' – Wir wollen sodann feiern! Alle Himmel sollen feiern!"

Gott schenkte mir eine Vision zum besseren Verständnis der Situation. Er ließ mich begreifen, warum Satan auf einmal so aggressiv mit mir umging. Solange ich nicht völlig bekehrt war, belästigte mich der Teufel nicht und war zufrieden. Er bewies mir gegenüber keinerlei Aggressivität. Doch im Augenblick wo er merkte, daß ich mich Gott zuwandte und er mich verlieren würde, attackierte er meine Seele.

Die Vision dazu war folgende: Ich sah mich in einem Raum stehen und am Boden eine Schlange kriechen (Satan). Sie schien mein Haustier zu sein. Doch als ich das Interesse an ihr verlor, hörte ich auf, sie zu füttern. Hungrig kam sie verwundert aus ihrer Höhle gekrochen auf der Suche nach Nahrung. Ich beobachtete sie, wie sie auf ihren Futterplatz zukroch und nur ein paar Trauben vorfand. Die Schlange verschlang diese, war aber noch nicht zufrieden, wie es schien. So kroch sie zur Küche hin, auf der Suche nach weiterer Nahrung. Inzwischen begann sie zu merken, daß ich meine Haltung ihr gegenüber verändert hatte und ihr feindlich statt freundlich gesinnt war. So wußte ich, sie würde mich jetzt zu töten versuchen. Ich fürchtete mich, doch gerade da erschien mein Schutzengel und fragte mich, ob ich irgendwelche Probleme habe. Ich berichtete ihm von der Schlange. Er sagte, er würde Sorge tragen. Ich zögerte, ob ich mitkämpfen solle oder nicht, und beschloß dann, mich meinem Engel anzuschließen und mitzuwirken. Mein Engel nahm einen Besen und öffnete eine Tür nach draußen, ging dann zur Schlange und scheuchte sie weg, verschloß dann fest die Tür, und wir schauten vom Fenster aus gemeinsam, wie die Schlange reagierte. Sie war erschrocken und geriet in Panik. Wir sahen sie auf die Tür zukriechen, diese aber war fest verschlossen. Sie glitt die Treppe hinab und auf die Straße hinaus. In derselben Minute, als sie hinausglitt, verwandelte sie sich in eine riesige, häßliche Kröte und dann in einen bösen Geist. Es wurde Alarm gegeben, und die Leute draußen fingen sie und hängten sie auf.

Der Priester verdammt die Botschaften

Ich war regelmäßig ins Seminar gegangen, um den Priester zu sprechen. Eines Tages fragte er mich, ob er das Phänomen, während ich mit dem Himmel Umgang pflege, beobachten könne, und als die Kommunikation dann einsetzte, kam er zu mir herüber und berührte meine Hand, um zu sehen, ob er mich damit stoppen könne. Er fühlte sogleich eine Art feines Kribbeln wie von einem fein vibrierenden Strom seinen Arm durchdringen. Mir sagte er nichts darüber, doch später, nachdem dieses elektrische Gefühl noch den ganzen Nachmittag hindurch bei ihm anhielt, ging er zu einem anderen Priester im Seminar und erzählte ihm sein Erlebnis. Der andere Priester wußte von mir. Als er ihm von dem Ereignis erzählte, klassifizierte es dieser als eher diabolischen denn göttlichen Ursprungs und bat ihn, mich zu ihm zu bringen.

Er besprengte sein Zimmer mit Weihwasser, den Stuhl, auf dem ich sitzen sollte, das Pult, das Schreibpapier und den Bleistift, den er mich benützen lassen wollte. Ich ging hin, und er bat mich, ich solle das herbeirufen „was immer es sei“, mit dem ich kommunizie-re, und dann solle ich schreiben: „Ehre sei dem Vater, dem Sohn und dem Heiligen Geist.“ Ich betete und bat Gott, dies für mich zu schreiben. Und Er tat es, doch mit solcher Kraft, daß der Bleistift zerbrach und ich es mit einer Feder fertigschreiben mußte. Der Priester war wütend und auch erschreckt. Er fing an, mir alles mögliche über Satanismus zu erzählen, über das Böse, die Magie und taubstumme Geister, und daß der Geist, mit dem ich kommuniziere, nicht göttlich sei, sondern ein taubstummer Geist. Er setzte mir einen Schrecken in den Kopf. Als ich aufstand, um zu gehen, sagte er, ich solle nicht mehr ins Seminar und in die Kirche kommen, außer ich höre auf zu schreiben, wenigstens eine Zeitlang. Auch solle ich den anderen Priester in Ruhe lassen. Er gab mir drei Gebete, die ich täglich beten solle (das Gebet zum heiligen Erzengel Michael, das Memorare des heiligen Bernhard und eine Novene zum heiligsten Herzen Jesu). Er gab mir auch einen Rosenkranz in die Hand.

Niedergeschmettert ging ich zu dem ersten Priester, der wenigstens etwas sanfter war, und sagte ihm, was geschehen war. Ich sagte, daß er nicht wolle, daß ich ihn besuche und ich diese Besuche einstellen solle. Er schaute zu Boden, ließ den Kopf nach einer Seite hängen und sagte nichts mehr. Damit wußte ich, daß er zustimmte. Ich sah deutlich und verstand auch, daß ich ihm durch das Einstellen meiner Besuche zugleich ein riesiges Kreuz abnehme. Ich wußte, ich war eine Persona non grata. So stand ich auf und schrie ihn an: „Nie mehr seht ihr mich hier in eurem Hause, solange ich mich nicht willkommen geheißen fühle!" Und so ging ich und dachte, daß es wohl das Beste sei, mich dem katholischen Bereich künftig fernzuhalten.

Ich ging nach Hause und weinte mich aus. Mein Engel kam mich trösten, streichelte meine Stirn. Ich lamentierte zu Gott: „Ganz verwirrt bin ich, und meine Seele ist betrübt, mehr als man sich vorstellen kann. Ich weiß überhaupt nichts mehr. Du sagst, Du seist es, und mein Herz fühlt und weiß es, daß Du es bist, doch er sagt, es sei der Teufel. Wenn Du es bist, dann will ich, daß dieser Priester es sagt und eines Tages bestätigt, daß diese meine Kommunikationen göttlich sind, und ich werde glauben! – Gott sagte einfach: „Ich werde ihn beugen ..."

Der Engel war sehr zärtlich zu mir. Er verband meine geistigen Wunden sehr sanft. Ich betete jeden Tag die Gebete, die der Priester mir aufgegeben hatte, und tat genau das, was er mich zu tun gebeten hatte. Ich hörte auf, das Charisma zu betätigen, das Gott mir gegeben hatte, und ich vermied es zu schreiben.

Da ich in einem mohammedanischen Land lebte, kaufte ich einen Koran, um diesen zu studieren und mit unserer heiligen

Bibel zu vergleichen. Als ich mir eines Tages etwas notierte, nahte sich zu meiner Überraschung unser himmlischer Vater. Seine bloße Gegenwart erfüllte mich mit einer unaussprechlichen Freude, und Er sagte zu mir: „Ich, Gott, liebe dich, Tochter, denke immer daran. Jahwe ist Mein Name." Und während ich den Bleistift hielt, benützte Er meine Hand, um es auf mein Notizpapier niederzuschreiben. Ein wenig später kam Er nahe zu mir hernieder, und wieder kam Er und sagte, indem er meine Hand benützte: „Ich, Gott, liebe dich. Vassula, erinnere dich immer daran. Ich bin es, der dich führt. Jahwe ist Mein Name!" Das berührte mich so sehr, daß ich in Tränen ausbrach. Ich war wie eine Gefangene, der es verboten war, zu meinem Vater zu sprechen, verboten, irgendeinen Austausch mit dem Himmel zu haben, verboten, das Charisma zu gebrauchen, das Gott selbst mir gegeben hatte, und der es auch verboten war, mich auf diesem Wege meinem Vater im Himmel zu nahen. Bei all diesen Verboten, wer kommt mich im „Gefängnis" besuchen? Der Eine, der mich am meisten liebt! Der allerzärtlichste Vater, der Eine, der das ganze Universum in Seiner Hand hält, Er kommt, mir Seine Zuneigung und Liebe zu bekunden.

Verfolgungen von seiten des Priesters

Der Priester indessen gab nicht auf. Er schrieb mir Briefe, um mir zu sagen, daß alles, was ich da in Händen hielt, ein Haufen Blödsinn war und ich mich selbst anschauen und doch begreifen solle, daß eine solche Gnade mir niemals gegeben werden könne. – Früher einmal hatte er mir gesagt, es seien solche Gnaden Leuten vorbehalten, die für Gott arbeiteten, so wie Mutter Teresa oder ähnlichen, und er zeigte dabei auf seine Bücher, die er im Regal hatte. Dann versuchte er mich einzuschüchtern, indem er sagte, es sei teuflisch, nur damit ich aufhöre zu schreiben. Er brachte es teilweise auch fertig, daß eine Zeitlang nach diesem Vorfall, sobald Gott sich mir nahte, ich Ihn wegschickte. Ich konnte kaum noch meinen Engel zulassen. Wenn ich von Gott die Worte vernahm: „Ich, Jahwe, liebe dich", tat ich so, als hörte ich nichts, und ließ nicht zu, daß es niedergeschrieben wurde. Wenn Jesus sich mir nahte und mir sagte: „Friede, Mein Kind!" pflegte ich mich von Ihm abzuwenden und Ihn zu verjagen, indem ich Ihn für den Bösen hielt. Der Priester brachte es fertig, mir in den Kopf zu setzen, daß Gott nicht mit einer Person, wie ich eine bin, Umgang pflegen könne, weil Gott nur zu heiligen Leuten gehe. Ich wurde manchmal geradezu aggressiv, wenn Jesus kam und zu mir sprach, weil ich dachte, es sei der Teufel. Ich jagte ihn wütend davon, immer wieder und wieder.

Zuletzt fand die Weisheit einen Weg. Mein Engel kam und sagte mir, daß er eine Botschaft von Jesus habe und er sie mir mitteilen wolle. Er wurde also zum Boten und Vermittler. Das war ein Weg, den ich annehmen konnte, wenn auch nicht immer, denn immer noch stand ich unter dem Einfluß der priesterlichen Redensarten. „Wie und warum sollte das Auge des heiligen Einen auf eine so verächtliche Seele wie die meine schauen, und gar noch zu mir sprechen? Wie konnte ich auch glauben, daß Gott, der Allmächtige, in so schlichter Weise mit mir spricht und Umgang pflegt? Im ganzen Leben hatte ich so etwas noch nicht gehört. Ja, nur in der heiligen Bibel, mit Leuten wie Moses, Abraham und den Propheten hat Gott geredet, das aber wieder war eine andere Geschichte und geschah auch zu anderen Zeiten. Ein Märchen – ja so etwas war das, eine Illusion." So drehte es sich in meinem Inneren, wie auf einer Schallplatte, die in der immer gleichen Rille hängen blieb, obschon ich doch genau wußte, was geschah, und ich keineswegs verrückt war! Erst allmählich, im Laufe der Zeit, verheilten diese Wunden, die ich von seiten des Priesters empfangen hatte.

Mein Engel schenkte mir Frieden, indem er mir tagtäglich stundenlang gut zuredete. Hie und da sparte er freilich einen Platz aus für Jesus, um mir Seine göttlichen Worte zu zitieren. Erstmals, als dies geschah, wollte ich die Worte wieder auslöschen, nachdem ich mir erlaubt hatte, sie niederzuschreiben, doch der Engel hinderte mich daran und bat mich, es doch recht zu verstehen und diese Worte stehen zu lassen, da sie wirklich und wahrhaftig von Jesus seien. Dies waren die Worte: „Ich, Jesus, liebe dich!" Das waren damals die ersten von Jesus nach der Krise geschriebenen Worte. Sie wurden am 20. Juni 1986 notiert. Ganz langsam und allmählich, Schritt für Schritt, und immer ganz sacht und sanft, kam Jesus mir wieder näher.

Am 9. Juli 1986 (anfangs wurden einige Botschaften nicht niedergeschrieben oder auch auf lose Zettel notiert, die dann weggeworfen wurden) sprach Gott: „Ich, Gott, liebe dich." Mein Engel, der sogleich mein Zögern bemerkte, bat mich, diese Worte aufzubewahren, es sei doch jedes Wort von Gott gegeben, und Gott sei mir nahe. Die nächste direkte Botschaft von Gott kam im Juli 1986 durch und lautete: „Ich habe dich (geistig) genährt, Ich kam, um dir Nahrung zu geben. Bitte hilf den anderen, indem du auch ihnen Nahrung reichst. Laß sie erblühen, und bringe sie Mir. Ich nährte dich und brachte dich zum Erblühen und Duften. So ernähre die anderen auch! Hilf ihnen und führe sie zu Mir. Ich habe dir Liebe gegeben, so folge Mir nach. Ich habe dir Gunst erwiesen, indem Ich dir diese Nahrung reichte. Gib sie auch den anderen, zur Freude aller!"

Dann, am 31. Juli 1986, kam Jesus wieder, diesmal als das Allerheiligste Herz, und sprach zu mir: „Im Innersten Meines Herzens habe Ich einen Platz für dich, Meine Geliebte. Da wirst du leben." Am 7. August 1986 sprach wiederum der Vater zu mir und gab mir die folgende Botschaft: „Ich, Gott, verbinde dich mit Mir." Ängstlich fragte ich Ihn – etwas sehr scharf, weil ich mißtrauisch war – nach Seinem Namen. Er antwortete: „Jahwe." Ich war von Freude und von Liebe erfüllt, und ich hatte schon ein Brennen vor Sehnsucht nach Ihm in meiner Seele. Ich sagte: „Ich liebe dich, ewiger Vater." Er erwiderte: „Liebe Mich, preise Mich, deinen Gott. Ich bin dein ewiger Vater." Ich fragte Ihn sodann: „Spürst du mein Glück, meine Seelenqualen, meine Ängste, meine Liebe, mein Verwirrtsein?" Er antwortete: „Ja." Darauf sagte ich: „In diesem Fall weißt Du auch, wie ich mich jetzt gerade fühle. Du verstehst mich also völlig?" Und Er sagte mit großer Zärtlichkeit: „Ja, das tue Ich, Meine Geliebte."

Das war nun wieder meine erste Kommunikation nach einer langen Periode der Ablehnung (die aus Angst erfolgt war). Gott fuhr nun weiter fort, da Er wußte, daß ich gerne gewußt hätte, warum Er zu mir sprach. Er sagte: „Gott liebt euch alle, diese Botschaften sind einfach nur zur Erinnerung da, um euch zu erinnern, wie eure Grundlagen gelegt wurden. Gib meine Botschaft weiter, überbringe sie!"

Die ersten empfangenen Botschaften waren sehr kurz, wie schon eingangs erwähnt, sie klangen mehr nach Telegrammen als nach Botschaften.

Inzwischen und trotz allem hatte ich den Kontakt mit den Priestern nicht verloren. Ich hatte nur aufgehört, weiter über die Botschaften mit dem einen Priester zu reden, der sie verdammt und mir so viel Leiden zugefügt hatte. Doch nach einiger Zeit beschloß ich, ihm zu sagen, daß ich immer noch Botschaften empfing und sie niederschrieb. So zeigte ich ihm auch das Notizbuch statt nur loser Blätter wie zuvor. Ich benützte zuerst jedes leere Papierstück, auf das man schreiben konnte, doch als die Zeit kam, meine Mission zu beginnen, inspirierte mich der Heilige Geist, Notizbücher zu führen und diese mit Nummern zu versehen.

Ich erinnere mich, den Priester in mein Haus eingeladen zu haben, damit ich ihm sagen könne, daß ich noch mit Gott spreche. Ich hielt es für gut, ihn zu informieren. Ich sagte ihm das, und er war nicht gerade entzückt, doch bat er mich, ihm die Notizbücher zu zeigen. Ich händigte sie ihm aus und überließ sie ihm einen Tag. Am nächsten Tag erhielt ich einen sehr barschen Brief von ihm, in dem er mich aufforderte, alle meine Notizbücher zu verbrennen und zu allen meinen Freunden zu gehen, die sie lasen, um ihnen zu sagen, sie sollten alles vergessen. Irgendwie erkannte ich an der Barschheit des Tones die Grobheit des Satans. Ich sagte meinen Freunden, was er sagte, und sie waren recht böse auf ihn. Ich besuchte den Priester und sagte ihm, wie sie reagiert hatten. Ich nahm ihm meine Notizbücher wieder weg. Er sagte, daß Gott nun vielleicht sehr böse auf mich sei und mich meinem Schicksal überlasse. Er sagte, daß Gott vielleicht einmal oder zweimal Geduld geübt hätte, aber jetzt, wo ich nicht höre und gehorche, überließe Er mich dem Teufel.

Die Lektionen meines Engels in der Unterscheidungsfähigkeit trugen jetzt Früchte und waren für mich in diesem Augenblick von großem Nutzen. Diesmal ließ ich mich nicht täuschen. Ich beantwortete den Brief des Priesters und sagte ihm, sein Gott sei nicht mein Gott, denn sein Gott sei ein grausamer Gott, der schnell erzürnt sei, ungeduldig, unduldsam und lieblos. Sein Gott vergebe einmal oder zweimal und wende sich dann ab, er werfe die Seelen gleich in die Hölle, wenn sie nicht gehorchen, während der Gott, von dem ich weiß, der Eine, der sich mir täglich mitteilt, mein Gott, ganz Liebe ist, unendlich geduldig, tolerant und zärtlich. Mein Gott, der zu mir spricht und sich ganz weit herabbeugt von oben im Himmel, ist demütig, langmütig, allbarmherzig und hüllt meine Seele nur in Liebe. Mein Gott, der mich jeden Tag in meinem Zimmer besucht, der Eine, den er als Teufel behandelt, umgibt meine Seele mit Frieden und Hoffnung. Mein Gott nährt mich geistig, mehrt den Glauben an Ihn, lehrt mich geistige Dinge und offenbart mir die Reichtümer Seines Herzens.

Danach bat er mich nochmals, für ein paar Tage mit Schreiben aufzuhören, um zu sehen, was geschieht. Ich ließ noch ein paar Tage mehr verstreichen, ohne zu schreiben, wie der Priester mich gebeten hatte. Ich betete und fragte in meinem Gebet von neuem, wer es nun tatsächlich und wirklich sei, der mich auf diese besondere Art führe. Ich hatte gebeten, daß, wenn die Botschaften wirklich von Ihm kamen, ich dann möchte, daß Er es mir sage und ich Ihn die Worte sagen höre: „Ich, Jahwe, leite dich." Nichts weiter. Und das war es dann auch, was geschah, und Gott antwortete gemäß meinem Gebet.

Meine Kommunikationen dauerten weiter an, und eines Tages, am 15. Dezember 1986 (NB 1-6:34-35), gab mir Gott die folgende Botschaft: „Tochter, alle Weisheit kommt von Mir. Möchtest du Weisheit?" Ohne zu realisieren, was Gott mir anbot, sagte ich Ihm einfach Ja. Darauf sagte Er, daß Er mir Weisheit gebe, doch ich hätte die Weisheit zu erwerben, wenn ich sie wolle. Als Er sah, wie ich daran rätselte, wie das zu machen sei, sagte Er, daß Er der Allmächtige sei und Er mich belehren wolle. Ich meditierte darüber, was Gott mir angeboten hatte, und je mehr ich meditierte, um so klarer erkannte ich die Gabe, die Er mir anbot. Ich realisierte auch, daß ich Ihm nicht einmal gedankt hatte. So dankte ich am folgenden Tage, und wieder sagte Er, daß ich Weisheit verdienen müsse, Er mir aber helfen wolle und ich mich nicht entmutigen lassen solle.

Willst du Mir dienen?

Das nächste, was ich bemerkte, war, daß Jesus mehr und mehr den Platz meines Engels einnahm. Er kam als das Heiligste Herz. Eines Tages überraschte Er mich mit folgender Frage: Er fragte mich, ob ich Ihm dienen wolle (in Seiner Aufgabe). Furcht überkam mich, und ich zögerte. Ich ließ nicht zu, daß dies aufgeschrieben werde wie die anderen Dinge. Ich fürchtete, Er könnte mir sagen, ich solle zusammenpacken und mein Haus verlassen, um in ein Kloster zu gehen und eine Nonne zu werden. Dazu war ich nicht bereit und wollte es auch nicht. Mein Mißtrauen enttäuschte Ihn, und Seine Trauer darüber entging mir nicht, da sie ganz offen im

Ton Seiner Stimme zutage trat, als Er die Worte sprach: „Ich kann in dir wohnen trotz deiner furchtbaren Schwachheit." Ich war sehr unglücklich, weil ich Ihn enttäuscht hatte. Andererseits fürchtete ich mich vor dem Unbekannten. Das waren die genauen Worte: „...würdest du Mir dienen, würde Ich in dir nichts als Passion offenbaren." Ich wiederholte „Passion" ohne irgendein Verstehen, und Er sagte: „Ja, Passion. Wille ..." Ich hob meine Hand, um es nicht zu schreiben, doch gehört habe ich es alles.

Die ganze Nacht verbrachte ich damit, über dieses nachzudenken. Dann beschloß ich, mich ins Unbekannte zu stürzen und mich Seinem Willen zu übergeben. So kam ich zurück zu Ihm mit Seiner Frage. Ich fragte Ihn: „Willst Du, daß ich Dir diene?"

Ganz unmittelbar spürte ich Seine Freude, und Er sagte: „Ja, das möchte Ich sehr, Vassula. Komm, Ich zeige dir, wie und wo du Mir dienen kannst ... arbeite und diene Mir wie jetzt, sei so, wie du jetzt bist. Ich brauche Diener, die fähig sind, Mir zu dienen, wo Liebe am nötigsten ist. Arbeite indessen hart, denn wo du auch bist, bist du unter Bösen, Glaubenslosen, bist du im Sündenpfuhl. Du wirst deinem Gott dienen, wo das Dunkel vorherrscht. Du wirst keine Ruhe mehr haben. Du wirst mir da dienen, wo alles Gute ins Böse verkehrt ist. Ja, diene Mir unter der jammervollen Verkommenheit, Bosheit und den Übeln der Welt. Diene Mir unter Gottlosen, unter jenen, die Meiner spotten, unter denen, die Mein Herz durchbohren. Diene Mir unter Meinen Peinigern und jenen, die Mich verurteilen. Diene Mir unter jenen, die Mich immer von neuem kreuzigen und anspeien. O Vassula, wie Ich leide! Komm und tröste Mich! ... kämpfe und leide mit Mir, teile Mein Kreuz ..." (24. Mai 1987).

Die Belehrungen durch Gott gingen weiter, und Seine Mitteilungen erfolgten täglich, und bis heute schreibe ich. Sie gehen weiter, denn Er sagte mir, daß Seine Gnadengabe bei mir bleiben werde bis zu meinem letzten Lebenstag auf Erden.

* * *

Phase I

Dialog mit meinem Engel Daniel

8.5.1986

Sei friedvoll! Ehre sei Gott, weil Er so gut war, dir Seinen Frieden gegeben zu haben. Ich werde dich vor dem Übel bewahren. Sei gut und sprich jetzt ein Gebet! Jesus wird dich Ihm näherbringen. Dan

9.5.1986

Friede! Ich bin dir nahe. Fürchte dich nicht! Für immer werde ich beten und dich führen, für immer über dir wachen. Sei gut! Ehre sei Gott! Bete! Dan

Später:

Friede sei über dir! Ich werde dich näher zu Gott hinführen und eine bessere Person aus dir machen. Sei gut! Ehre sei Gott! Mögest du weitergehen mit den Segnungen Gottes, deines himmlischen Vaters. Amen, Amen. Daniel

10.5.1986

Friede sei dir! Ich bin dein Schutzengel. Ich werde dich immer führen, immer beschützen. Jesus reinigt und läutert. Gott liebt dich. Ich bete für dich. Preise Jesus!

Ich möchte gern wissen, ob etwas Wundervolles geschehen wird.

Kann sein, etwas Wundervolles ist schon geschehen …

Du meinst, ich habe mich verändert?

Ja. Ehre sei Gott, daß Er dich nahe zu Sich herangeholt hat. Dan

11.5.1986

Friede!

Bist du glücklich, daß ich nun näher bei Gott bin?

Ja.

Ist es schon genug?

Nein, du mußt weitere Fortschritte machen. Ich werde dir helfen. Daniel

12.5.1986

Friede sei dir! Bete! Ich möchte dich loslösen und an Gott binden. Warte, und du wirst sehen. Du wirst mir große Freude machen … benötige Gott. Jesus reinigt dich, gehe zu Ihm, begegne Ihm durch Gebet.

Später:

Höre auf mich! Liebe Gott mehr, weil Er dich liebt und dir jetzt und für immer nahe ist. Mache eine weitere Anstrengung, meine Liebe. Lies in der Bibel: Daniel. Konzentriere dich besonders im Gebet. Gott segnet dich. Daniel

Später:

Gepriesen sei Gott dafür, daß Er dich mir übergab, dich näher zu Ihm zu führen. Nun sprich ein Gebet! Fürchte mich nicht! Habe Glauben an Gott, auf den du dich stützen solltest, ganz im Frieden. Er liebt dich. Verherrliche Ihn, preise Ihn! Ehre sei Gott. Preise den Herrn! Daniel

13.5.1986

Friede sei dir! Jahwe liebt dich. Ich muß dich Ihm näher verbinden. Liebe Jahwe mehr! Daniel

14.5.1986

Jahwe liebt dich. Jahwe schenkt dir Licht, Jahwe schenkt dir Sicht und ewiges Leben. Benötige Jahwe, unseren allmächtigen Gott. Dan

Später:

Ich werde gegen jeden üblen Geist kämpfen, der sich dir zu nahen sucht, durch Beten. Dan

15.5.1986

Jahwe wird dich leiten. Sei gut mit allen Leuten und mit allem. Diese Art zu schreiben ist eine Gabe von Gott. Preise den Herrn! Ehre sei Gott! Dan

17.5.1986

Jesus vergibt Sünden und reinigt. Ich komme zu dir mit Frieden, in Seinem Namen. Bete! Ich bete für dich.

Später:

Friede, Friede! Liebe all die Dinge, die Gott dir gegeben hat. Möge deine Liebe stetig wachsen, und möge sie zunehmen. Daniel

18.5.1986

Friede sei mit dir! Komme zu Jesus und liebe Ihn! Ehre sei Gott ... verherrliche Gott! Komme zu Jesus, Er starb für dich, benötige Ihn. Ich werde dich führen, dich Jesus zu nähern. Komm und verlange danach, das Gute zu lernen. Dan

19.5.1986

Ich werde dir helfen und dich lehren zu unterscheiden. Ich werde dich lehren zu erkennen, wer bei dir ist (während des Schreibens: einen bösen Geist von Gott oder meinem Engel zu unterscheiden). *Jesus liebt dich ewig: „fürchtet euch nicht, denn Ich bin hier, und Ich liebe euch alle“.*

(Das war Jesus, der da sprach. Mein Engel zitierte Ihn.)

20.5.1986

Preise den Herrn, denn Er ist gut. Verherrliche Ihn, denn Er ist nahe. Jesus bringt allen Frieden und Liebe. Sei gut, sei gut! Dan

21.5.1986

Ehre sei Gott! Ich werde für dich beten. Ich werde dich Gottes Gesetz lehren. Ich rede jetzt für Gott: Gott, Jahwe, erwählte dich, Seine Schülerin zu sein und dich alles über Ihn selbst zu lehren und über Seinen Sohn Jesus Christus. Preise den Herrn! Gehe hin in Frieden! Daniel

23. 5. 1986

Friede sei über dir! Ich werde dich mehr mit Gott verbinden, diese Bande werden deine Seele stärken, deiner Seele Frieden schenken. Stütze dich auf Gott! Ich liebe dich. Liebe Gott! Ich werde einen Platz für dich richten. Ich werde auf dich warten. Ich werde dich zu Gott mitnehmen ... sammle Geld und gib es den armen, notleidenden Seelen. Gib ihnen bessere Kleider! (Alles, was ich in meiner Ausstellung verdient habe, gab ich den Armen. Ich kaufte Stapel ortsüblicher Kleidung, Saris für Frauen und Lungis für Männer, und verteilte sie an Christen wie an Moslems. Später dann ging ich vor Weihnachten von Haus zu Haus und bettelte um Almosen für die Armen – und verlor etliche Freunde durch dieses Tun.) *Sei freigebig! Ehre sei Gott! Daniel*

24. 5. 1986

Jesus starb für dich. „Fürchte dich nicht, denn Ich bin dir nahe.“

(Ich ängstigte mich sogleich): *Wer hat das gesagt?*

Gott sprach es. Ich werde dich in ein weißes Gewand kleiden und werde dich rein machen in Jesu Gegenwart. Preise den Herrn. Daniel (Er bekam von Gott die Erlaubnis, mir eine besondere Reinigung zukommen zu lassen, später dann, mich meine Sünden mit den Augen Gottes sehen zu lassen.)

25. 5. 1986

Vassula, nichts bleibt bestehen, wo du bist, doch wo ich lebe, da dauert alles für immer und ewig. Ehre sei Gott, daß Er dich Ihm näherbringt. Jahwe liebt dich. Lebe in Frieden, verlasse dich auf Jahwe, denn Jahwe stellt wieder her. Gib Ihm die Ehre!

„Friede allen, Frieden allen Wesen auf Erden.“

Diese letzte Zeile war von Gott.

* * *

Phase II

26.5.1986

Sei all das, was Gott lieb ist. Wende dich dem Glauben zu, sei heilig, erlange Gott und komme mit einer reinen Seele vor Ihn. Jahwe liebt dich. Gehe hin und bete! Verherrliche Gott und preise Ihn! Dan

27.5.1986

Friede sei mit dir! Ich werde alles tun, was Gott will, daß ich tun soll. Ich werde dich zu Gott führen. Dan

28.5.1986

Vater! Vater der Himmel, führe alles und jedes und gib mir Stärke!

Was sagst du da?

Ich betete zum Vater im Himmel. Ehre sei Gott! Jesus ist immer bei dir. Rufe Jesus in deinen Gebeten. Ich werde dich zu deinem Vater führen.

(Ich begann zu befürchten, getäuscht zu werden.)

Fürchte dich nicht, meine Botschaften schaden dir nicht. Liebe Gott, liebe Ihn mehr! Daniel

30.5.1986

Friede sei mit dir! Führe ein reines Leben, ich werde für dich beten. Liebe Jesus Christus, Er liebt dich. „Fürchte dich nicht, denn Ich bin nahe. Komme zu Mir, Ich bin hier.“ (Ich merkte gar nicht, daß dieser Satz von Jesus kam, aus der Furcht heraus, ich könnte getäuscht werden. Ich sprach dann mit meinem Engel und tat so, als hätte ich nie etwas gehört.)

Ich fragte meinen Engel: *Wo bist du für gewöhnlich?*

Ich bin da, wo du bist.

Kannst du mich so deutlich sehen, wie ich die Dinge sehe?

Ja.

Wo bist du, wenn ich die Treppe hinablaufe?

Ich bin bei dir.

Wo bist du jetzt?

Ich bin dir nahe.

Wo wirst du sein, wenn ich sterbe?

Du wirst mir begegnen. Ich werde dir zur Seite sein.

Sage mir etwas ...

Ich liebe Gott. Verherrliche Gott! Dan

31.5.1986

Friede! Friede sei mit dir! Gott liebt es, dir Seine Liebe zu zeigen. Gott liebt euch alle weit über das hinaus, was irgend jemand begreifen kann. Liebe Gott, denn Gott ist gut. Liebe Ihn mit all deiner Kraft und Stärke. Daniel

1.6.1986

Friede sei dir! Sei gut! Höre auf, jene Bücher zu lesen (schlechte Literatur), ***die Bibel verkündet die Wahrheit. Dan***

2.6.1986

Friede, Friede sei dir! Denke an Gott! Er tat Wunder von Anfang an, alle Herrlichkeit kommt von Gott. Gott wird dich an Sich binden. Gehe hin mit der Gnade unseres Herrn Jesus Christus. Jeder nimmt ein Ende, vom Ende kommt der Beginn! Bleibe im Frieden! Dan

6.6.1986

Ich erinnerte mich an einen Traum, den ich einige Monate zuvor hatte. Ich träumte (wie in einer Vision), *daß du mich vor einer Schlange behütetest.*

Wie konnte ich dich im Stich lassen, wenn jene Schlange sich mit dir anlegte! Gehe im Frieden unseres Herrn Jesus Christus. Dan

Folgendes schaute ich:

Ich saß auf einem Sofa in meinem Haus. Mir gegenüber war ein anderes Sofa, auf dem saß meine ganze Familie. – Plötzlich hörte ich ein leises Geräusch zu meiner Linken bei der Zimmerecke, die ziemlich dunkel war, und aus jener dunklen Ecke kam auf dem Boden eine Schlange gekrochen. Sie war mein Haustier. Sie kam aus ihrer Ecke auf der Suche nach Nahrung, da ich sie nicht mehr gefüttert hatte. Sie fand eine Schale mit drei Trauben, die sie in ihrem Hunger ganz hinunterschlang, doch es war noch nicht genug, und sie kroch weiter zur Küche, um nach mehr zu schauen, wobei sie zwischen den Sofas durchkroch. Ich zog gleich meine Füße hoch, fürchtete ich mich doch, sie könnte mir etwas antun, nachdem ich ihr Feind geworden war, und ich fürchtete, daß sie es gespürt haben könnte. Ich fürchtete mich sehr, stand also auf, sie zu fangen, damit sie niemandem aus meiner Familie etwas antun würde. In der Minute, in der die Schlange meine Absichten merkte, ging sie in Angriffstellung gegen mich über. Ich fürchtete mich so sehr, daß ich das Oberteil eines Schrankes ergriff und daran hängend meine Füße hochzog, und während sich die Schlange aufrichtete, hörte ich eine Stimme. Daraufhin fürchtete sich die Schlange und ließ von mir ab. Ich sprang herunter und sah nach, wer das sei, sah einen großen Mann und wußte, daß es mein Schutzengel war. Er sprach: „Warum fürchtest du dich?“ Ich sagte: „Ich fürchte mich vor der Schlange, sie ist lose.“ Er sagte: „Ich werde gehen und sie verjagen!“ Er ging in die Küche, und als ich mich entfernte, dachte ich: „Ich sollte ihm vielleicht auch helfen“, ging also auch in die Küche. Dieser Mann öffnete die Küchentür sperrangelweit, nahm dann einen Stock und versuchte sie damit hinauszuwerfen, während ich so viel Lärm wie möglich verursachte und mit Händen und Füßen um mich schlug, um sie zu ängstigen und zu vertreiben. Jedesmal, wenn die Schlange entrinnen wollte und mir in den Weg kam, stand ich da und stampfte mit den Füßen und versperrte ihr den Weg. Sie geriet in Panik und verließ erschreckt das Haus. Als sie draußen war, schlug der Schutzengel die Tür zu und verschloß sie. Es befand sich ein Fenster auf der rechten Seite der Tür. Beide, mein Engel und ich schauten da hinaus, um zu sehen, was mit der Schlange geschah. Sie glitt die Treppe hinab, doch waren auf der Treppe viele Leute, die auf- und abgingen, und weil sie so fürchtete, zertreten zu werden, versuchte sie, zum Haus zurückzukehren. Doch fand sie die Tür verschlossen. Dann bekam sie es wirklich mit der Angst zu tun. Sie glitt sehr rasch die Treppe hinab in eine Halle und zu einer der breiten Glastüren der Halle hinaus. In der Minute, wo sie die Schwelle der Glastür überquerte, verwandelte sich die Schlange in eine gigantische häßliche Kröte, umgeben von Schnee und eisigem Wetter. Da waren Leute, die sie da draußen sahen, und in der Minute, wo sie wegen der Kröte Alarm schlugen, nahm sie die Form und Gestalt einer Frau an. Doch der böse Geist war erkannt, und die Leute fingen sie ein und banden sie mit Gurten fest. Während das geschah, hatte ich den Eindruck, diese Fesseln seien nicht so sicher und das Ding entschlüpfe eines Tages wieder.

7.6.1986

Friede sei mit dir! Beginne zu beten! Ich möchte, daß du geistig voranschreitest. Friede ist Gott. Denke an Gottes Wort. Dan

8.6.1986

Ich werde dich spirituell heilen. Dan

9.6.1986

Ich werde dich verteidigen, ich werde dich behüten und dir jeden Schutz geben. Du brauchst dich niemals zu fürchten.

Später:

Ehre sei Gott! Fürchte nie den Tod. Das Ende (nach dem Tod) *wird wundervoll, preise Dad* (Er nannte unseren ewigen Vater Dad = Abba)! *Daniel*

10.6.1986

Friede sei mit dir! Ich betete für dich, um deine Diskussionen zu beenden, die dich nicht im geringsten weiterbringen und dir auch gar nichts einbringen werden. Kehre um zu Gott und lehne dich an ihn! Ehre sei Gott! Dan

12.6.1986

Komme und bete! Das Ende deines Lebens ist erst der Beginn der Ewigkeit. Liebe Gott ganz innig! Gib Gott alles! Führe ein reines Leben! Verehre Gott! Vergib! Dein ganzer Lebenssinn sollte das Gute ausmachen. Dan

13.6.1986

Friede sei mit dir! Sei gut, verehre Gott überall, wo du gehst. Verehre Gott, denn Er ist gut. Preise den Messias! Du wirst für Gott arbeiten. Jede Art, Gott zu verehren, ist gut. Bleibe jetzt im Frieden! Daniel

14.6.1986

Friede sei mit dir! Brauche Jesus, damit Er dir mehr Glauben schenkt. Diese Gabe (zu hören und zu schreiben: also diese Botschaften) *wurde dir von Gott zuteil. Verrichte ein Gebet! Dan*

17.6.1986

Friede sei mit dir! Lerne gut das Wort Emmanuels. Lies jeden Tag die Bibel, und deine Seele wird voranschreiten. Führe ein bescheidenes Leben. Dan

18.6.1986

Friede sei mit dir. Diese Botschaften sind ein Meditationsmittel. Das Lesen der Bibel bringt deine Seele voran. Fühle dich geliebt. Jahwe ist die Liebe. Fühle Seine Liebe! Jahwe liebt dich. Daniel

19.6.1986

Friede! Friede sei mit dir! Vassula, sei auf jede Weise gut. Stütze dich auf Gott und liebe Ihn. Preise Jesus. Dan

20.6.1986

Friede sei mit dir! „Ich, Jesus, liebe dich." (Direkte Worte von unserem Herrn.)

22.6.1986

Friede sei mit dir! Wende dich dem Glauben zu und halte ihn für immer fest. Der Glaube hilft dir. Der Glaube an Gott schenkt dir Liebe. Der Glaube bringt dich dem Allerhöchsten näher. Der Glaube schenkt dir Frieden und Liebe. Preise den Herrn Jesus. Gott ist ein liebender Gott. Bete, fühle dich von Jesus geliebt. Jeder wird von Gott geliebt. Preise Gott, verherrliche Gott, jedermann ist von Gott geliebt. Ehre sei Gott für deine Wiederherstellung. Dan

23.6.86

Gott ist der Friede. Der Friede ist die Liebe. Dan

24.6.86

Die Jahre werden verfließen, aber Jesus wird Gottes geliebter Sohn bleiben.

* * *

Phase III

24. 6. 1986

Friede sei mit dir! Die Jahre werden verfließen, und Jesus wird immer noch heilen. Jesus hat Heilungen vollbracht, die Seine Herrlichkeit offenbarten. Jesus liebt euch alle. Erinnere dich, was Er sprach: „Ich liebe euch alle. Für immer habe Ich Mich für euch hingegeben." Jesus starb, um euch alle zu retten. Jesus besiegte den Tod und ist verherrlicht. Dan

25. 6. 1986

Friede sei mit dir! Es wird dich voranbringen, wenn du weiter geläutert wirst. Nimm den Weg, der zu Gott führt. Ich werde um deine Vervollkommnung beten. Liebe Jesus! Wende dich Gott zu! Daniel

26. 6. 1986

Friede sei mit dir! Wer war dir seit Anbeginn deines Lebens nahe?

Meine Mutter (natürlich), *Ärzte etc.*

Ich war auch da.

Mein Engel wollte mir damit sagen, daß er von allem Anfang an bei mir war.

Ich werde immer bei dir sein. Mache dich mit Eifer ans Beten. Daniel

27. 6. 1986

Friede sei mit dir! Wer ist dein Vater?

Diese Frage erstaunte mich.

Gott ist mein Vater.

Preise Ihn, liebe Ihn und verherrliche Ihn!

1. 7. 1986

Ich ging in die Schweiz, um meine Mutter zu besuchen.

Sei gut zu der Witwe.

Absichtlich nannte er sie Witwe, um mich zu belehren, daß unsere heilige Mutter tatsächlich die einzige Mutter ist, die wir haben.

2.7.1986

Bete! Sei gut! Ehre sei Gott! Empfange die Segnungen vom himmlischen Vater und Seinem Sohn Jesus Christus. Dan

8.7.1986

(Ich befürchtete, all diese Niederschriften könnten nicht gut sein.)

Friede sei mit dir! Fühle, wie du geheilt wurdest von deiner Schuld. Vassula, wie?

Durch diese Botschaften.

Ja. Wie könnten diese Meditationen dann schlecht sein? Danke und preise den Herrn für deine Heilung … hast du schon von heilenden Blüten gehört?

Ja.

Ich, dein Engel, bildete (das heißt hier: belehrte) *dich durch Gott, ich brachte dich zum Blühen und zum Duften. Ich habe dich durch Gott geheilt. Jesus segnete dich. Preise Jesus! Ich habe all das getan, was Gott von mir wollte.*

Fürchte dich nicht, denn Ich bin immer bei dir. Berufe dich auf die Bibel. Sage ihnen, daß Ich die Kranken heile. Fürchte dich nicht, Ich werde dich heilen. Blüten heilen tatsächlich…

Jesus sprach, dann kam mein Engel wieder, der sagte: *Jesus ist dein Heiler. Du erfreust Ihn. Jesus ließ dich blühend zurück. Dan*

Später:

Bete und liebe Jahwe! Preise Jesus und verlasse dich auf die Bibel. Meditiere! Dan

9.7.1986

Friede sei mit dir!

Ich hatte wiederum Zweifel.

Hast du Jahwe immer geliebt?

Nein, erst aufgrund der Niederschriften.

Hattest du Frieden seit dem Beginn deiner Liebe für Jahwe?

Ich blieb ein wenig still, um herauszubekommen, was mein Engel mit „Frieden" meinte.

... Antworte!

Ich bin glücklich.

Habe nie zwei Lieben!

Ich habe nur eine.

Dann bringe andere zum Erblühen! Daniel, Gottes Diener

12.7.1987

Friede sei mit dir! Folge Jesus nach! Verherrliche Gott! Es ist mir ernst damit. Gehe hin in Frieden! Dan

13.7.1987

Friede sei mit dir! Jesus hat dir vergeben.

Wird die Religion eines Tages verblassen, verwelken?

Niemals!

Ich habe in diesen Tagen nicht viel Zeit zum Schreiben.

Ich verstehe. Fühle dich im Frieden! Habe Jesus als deinen Frieden. Du wirst einen betagten Autor treffen. Dan

Diesen „betagten Autor" traf ich erst 1991: Der betagte Autor, von dem mein Engel sprach, stellte sich heraus als Pater Michael O'Carroll, mein geistlicher Berater, Autor verschiedener Enzyklopädien, Bücher und Artikel und mein geistiger Führer.

14.7.1986

Friede sei mit dir! Der betagte Autor wird dich führen.

Werde ich einem Autor begegnen?

Alles zu seiner Zeit. Jesus führt euch alle, Liebe. Fürchte dich nie, ich werde dich behüten. Gehe hin in Frieden! Dan

16.7.1986

O Gott! Lasse sie Dir nachfolgen! (Dieses Gebet kam von meinem Engel und klang mehr nach Klage als nach Bittgebet.)

Daniel, hast du das für mich erbeten?

Ja. Friede sei mit dir! Führe ein gutes Leben! Erhalte Gottes Segen. Ich liebe dich. Liebe Jesus! Dan

17.7.1986

Friede sei mit dir. Ehre sei Gott!

18.7.1986

(In diesen Tagen war ich müde, gereizt und aggressiv.)

Friede sei mit dir! Habe Frieden … Frieden … Frieden … Frieden … Frieden … Friede sei mit dir. Friede sei mit dir, habe Frieden!

Ich aber klagte weiter und beklagte mich, und er hörte geduldig zu.

Ich weiß … habe Frieden … du bist müde … Ich habe für dich gebetet … hast du die Evangelien gelesen, um Frieden zu erlangen? Ich habe für dich gebetet, damit du die Hand Jesu ergreifen mögest. Fühlst du dich besser?

Ja.

Meditiere mehr! Friede sei mit dir … Ruhe, meine Liebe. Gönne dir Ruhe … Ich habe dich nun aufgeheitert (mein Engel tat das tatsächlich). *Friede sei mit dir! Dan*

20. 7. 1986

Stütze dich auf die Bibel! Bete! Nenne Jesus beim Namen in deinen Gebeten. Brauche Jesus!

Merkst du denn nicht, daß ich all das nicht ganz begreife?

Doch, aber du wirst es eines Tages. Verlasse dich auf Jesus! Daniel

22. 7. 1986

Friede sei mit dir! Denke darüber nach, was Jesus will.

Gott lieben, doch Ihn aufrichtig lieben. Seinen Geboten Folge leisten, Ihn anbeten und gut sein.

Ja. Überlasse dich Jesus. Bete mehr, meditiere mehr! Du sollst Jesus preisen, der dir geholfen hat.

Habe ich irgendeinen Beweis für all das?

Du selbst bist der Beweis. Jesus brachte dich zur Blüte.

Der Priester sagte, das sei nicht die Art und Weise, wie Gott wirke.

Wie hast du Gott liebgewonnen?

Durch diese Botschaften.

So fühle dich im Frieden, Gott führte dich zu Sich. Liebe Gott bis zuletzt. Bete! Verherrliche Gott! Dan

25. 7. 1986

Friede sei mit dir! Benötige einzig und allein Gott! Liebe Jahwe! Liebe Ihn noch mehr! Jahwe liebt dich mehr, als du dir vorstellen kannst. Gib diese Botschaft an andere weiter! Stütze dich auf Gott! Gehe hin in Frieden! Liebe, und bete! Dan

29. 7. 1986

(Wieder Zweifel.)

Friede sei mit dir! Wie brachtest du deinen Vetter dazu, deine Bibel zu lesen? Welches sind die Gründe, die dich all das tun lassen?

Ich möchte, daß sich jeder ebenso fühlt wie ich, glücklich und Gott liebend. Auch lernte ich durch die Niederschriften vieles.

Gott liebt dich weit mehr, als du zu verstehen in der Lage bist. Preise Gott! Dan

Später:

Friede sei mit dir!

Manchmal glaube ich, daß meine Erscheinung nicht ganz dieser Gabe entsprechend ist, und das macht mir zu schaffen.

Deine Erscheinung zieht keinen Schaden nach sich, schenke deiner Erscheinung keine Beachtung. Jesus sagte seinen Jüngern, daß saubere Herzen gesünder sind, als was von außen gesehen gut zu sein scheint, aber von innen her korrupt ist. Jesus heilte dich von deiner Schuld. Er heilte dich davon, ein falsches Leben zu führen. Ich wünschte so sehr, daß Jesus dich heilen würde. Ehre sei Gott! Empfange meinen Segen. Bete, liebe Gott, Er liebt dich. Er wird dir helfen. Habe Jahwe für deinen Frieden. Daniel

31.7.1986

(Wiederum Ängste und Zweifel)

Friede sei mit dir! Ehre sei Gott! Fühlst du dich friedvoll?

Ja.

Wie könnte dies vom Satan kommen, wenn du dich friedvoll fühlst? Du lerntest mehr denn je Gott lieben. Sodann möchtest du, daß andere ebenfalls Gott lieben, Gott verherrlichen: Das geht dem Satan gegen den Strich! Würde Satan nicht gegen sich wirken und sich zu zerstören versuchen? Ich werde dich führen und mehr noch mit Gott verbinden. Jedesmal wenn du zweifelst bedenke, was du durch diese Texte erworben hast.

Später:

Wie fühlst du dich, Daniel?

Ich liebe Jahwe mit all meiner Kraft, mit all meiner Macht. Ich arbeite für Jahwe und werde es immerzu tun. Daniel, Gottes Diener

5.8.1986

Friede sei mit dir!

Warum wurde mir diese Gabe gegeben?

Gott wünschte es. Jesus hat dir geholfen, das Licht zu finden.

Wenn sie sagen: „Warum gab Er das Licht gerade dir und uns nicht?“

Jesus gibt das Licht allen von euch.

Sie könnten vielleicht sagen: „Wer glaubst du denn zu sein? Du bist noch nicht einmal eine Nonne.“

Du bist Gottes Diener. Gott hat dir diese Gabe gegeben, um dich zu Ihm zu bringen und damit du auch andere zu Ihm hinführst. Er liebt euch und möchte, daß ihr alle Ihm nahe sein sollt. Er hat vor, euch alle zu Ihm zurückzubringen. Ehre sei Gott! Daniel

6.8.1986

Friede sei mit dir! Preise den allerhöchsten Gott, Jahwe!

Ich fürchte mich, die Botschaften zu zeigen. Ich liebe Gott innig, doch fürchte ich mich davor, die Botschaften zu zeigen. Tag und Nacht denke ich nur daran.

Gott wird dir Seinen Frieden und Seine Stärke geben, wenn die Zeit kommt, die Botschaften zu zeigen. Gott wird dann wollen, daß jene Botschaften jedermann gezeigt werden. Bete! Fühle dich geliebt! Gott wird dir helfen. Dan

7.8.1986

Friede sei mit dir! Du sollst Dominus' Botschaft überbringen.

Kann ja sein, all das ist nicht wahr, mag sein, es ist ein Scherz!

Was läßt dich denken, es sei ein Scherz?

Weil das tatsächlich ungewöhnlich ist, oder nicht?

Ja.

Du gibst also zu, daß dies nicht sehr üblich ist?

Es ist nicht sehr üblich ... glaubtest du denn vorher schon an Gott?

Doch, ja. Aber ich liebte Ihn nicht, ich hatte keine Gefühle für Ihn.

Gott fühlt alles.

... Können wir reden?

Ja.

Warum hat all das angefangen?

Gott wollte, daß du Ihn liebst.

Das ist nicht gewöhnlich, ich denke dabei an diese Art der Kommunikation. Dem stimmst du doch zu, nicht wahr?

Ja.

Ich merkte, wie es meinen Engel erheiterte, etwas amüsierte, doch zugleich war er auch voll Liebe, so wie Eltern ihren Kindern gegenüber, wenn diese etwas Seltsames tun.

Warum zeichnest du ein Herz?

Ich sagte es aggressiv, weil ich mich vor diesem Phänomen ein wenig fürchtete.

Du entzückst mich.

Weißt du auch, daß du mich manchmal erschreckst?

Ja. Du brauchst dich aber nicht zu fürchten, du wirst für Jesus Christus arbeiten, du wirst anderen spirituell wachsen helfen.

Gott giff ein:

Ich, Gott, binde dich an Mich.

Ich fürchtete mich.

Nenne mir deinen Namen!

Jahwe.

Doch kann ich nicht begreifen, wir haben schon die Bibel, wozu also brauchen wir Botschaften?

Mein Engel erwiderte: ***So hast du also das Gefühl, daß alles schon in der Bibel gegeben wurde?***

Ja. Das ist es, weshalb ich den Grund nicht sehe von alledem. Ich meine, nichts ist neu.

Gott möchte, daß diese Botschaften gegeben werden.

Gibt es einen besonderen Grund, weshalb dann gerade durch mich?

Nein. Gott liebt euch alle. Diese Botschaften sind einfach nur Erinnerungen, um euch zu erinnern, wie eure Grundlagen begannen. Übergib meine Botschaft!

Daniel, wer bist du?

Gottes Diener. Daniel

Später:

Friede sei mit dir! Preise Jahwe! Gott tut Wunder. Glaube … fühle dich glücklich, daß Jesus Christus dich heilte (spirituell). ***Bete mehr und bedenke, was das alles ist. Begreife die Bedeutung, begreife, daß die gegebenen Botschaften gegeben sind vom Himmel, aus der Halle Gottes. Jahwe schrieb Dominus, Herr. Hast du dir klargemacht, daß diese Seiten von Gott gegeben sind? Gott predigte zu dir!***

Selbst?

Ja! Schreibe in Frieden! Ich habe alles getan, was Gott von mir wollte. Verherrliche Jahwe und folge Jesus! Gott hat einen Weg gefunden, dich zu lehren. Preise Ihn! Das ist Gottes Gabe. Gott hat dir geholfen und wird es immer tun. Dan

* * *

Phase IV

31.8.1986

Friede sei mit dir! Ich segne dich. Ich habe über dich geweint, geklagt über dich, als ich an deine Vergangenheit erinnert wurde.

Wer hat dich daran erinnert?

Gott. Er gab mir eine Vision von deiner Vergangenheit (vor meiner Bekehrung)***, und als du sehr unglücklich warst. Ich weinte auch, als ich dir vom Gehen sprechen mußte.***

Gott hatte ihm einen Befehl gegeben, zeitig zu gehen. Gott ließ mich in der Wüste, zur Läuterung.

Ich weinte. Gott wollte es so. Ich werde jetzt zu einer Zusammenkunft von Heiligen gehen.

Du hast ein Treffen?

Ja, wir beten. Der Heilige Geist wird dich bald führen. Ich habe mit dir gearbeitet, um dich zum Erblühen zu bringen. Habe Frieden! Du wirst Fortschritte machen. Jesus wird dich bald rufen. Vassula, du kannst Jesus jederzeit rufen.

Kann ich?

Ja, Er wird mit dir arbeiten. Ehre sei Gott! Lies die heilige Bibel, um Kenntnis zu erwerben! Daniel

24.8.1986

Friede sei mit dir! Lebe in Frieden und Freude! Ich werde dir Frieden geben, Ich werde deine Freude vergrößern. Ich werde mit dir arbeiten. Heiße Mich mit Liebe willkommen. Ich bin dein Friede!

Wer bist du, der da sagt Ich und Ich und Ich?

Ich fragte ziemlich frech, weil ich dachte, es sei mein Schutzengel. Ich dachte, er übertreibe es jetzt, weil der Ton seiner Stimme plötzlich eine solche Autorität und Überlegenheit annahm, wie Gottes Stimme.

Ich bin Jesus Christus.

5.9.1986

Erfüllt wirst du viele sein.

Bitte erkläre mir, was Du meinst.

Wenn du mit Meinem Heiligen Geist erfüllt sein wirst, wirst du in der Lage sein, andere zu Mir zu führen, und du wirst dich vervielfachen. Es bedeutet, Meinen Heiligen Geist in dir zu empfangen.

6.9.1986

Friede sei mit dir! Liebe Meine Mutter! Sie liebt dich. Liebe sie! (Jesus sprach zu mir.)

Ich fühle mich so wohl und frei!

Du bist weit mehr frei als jemals zuvor.

Darf ich Dich um eines bitten?

Ja.

Und Du wirst es niemals vergessen?

Nein.

Ich möchte gern meinen Glauben und meine Liebe für Dich steigern, und wenn Du mich ausgleiten oder stolpern siehst, dann stelle mich wieder auf. Ich erbitte das von Dir, Jesus Christus.

Ich werde dir helfen. Schlafe nicht, denn die Morgendämmerung ist nahe. Jedesmal wenn du dich schwach fühlst, bete und rufe Mich, Ich werde dir, Meiner Geliebten, nahe sein.

Sagtest Du, mein Herr: „Habe im Mittelpunkt Meines Herzens einen Platz, dort sollst du leben"?

Ja. Ich werde einen Platz für dich bereiten. Bist du willens, in Mir zu leben?

Nenne mir nochmals Deinen vollen Namen. (Ich war mißtrauisch und vorsorglich.)

Jesus Christus, geliebter Sohn Gottes.

Bin ich aufgenommen?

Du bist willkommen geheißen in Meinem Herzen. Ich werde dich arbeiten lehren, so daß du Mir begegnest.

Nun spricht mein Engel:

Hier ist die heutige Botschaft: Lies die Bibel noch mehr!

Sollte ich den ganzen Tag über lesen?

Nein. Jesus arbeitet nicht auf diese Weise. Er wünscht nicht, daß du endlose Arbeitsstunden hast. Jesus wünscht, daß Lernen zu einem Glück wird. Er möchte, daß du es liebst. Dan

7.9.1986

Friede sei mit dir! Komme und bereue!

Wie soll ich das machen?

Bete und sprich: „Vater, vergib mir für alle meine Sünden.“ Wenn du dieses Gebet verrichtest, preise Gott mit deinem ganzen Herzen, indem du deine Worte empfindest. Daniel

Ich, Gott, liebe dich.

Bitte nenne mir Deinen Namen.

Jahwe. Niemals solltest du dich armselig und unglücklich fühlen, denn Ich werde nach dir greifen und werde dich zu Mir emporheben. Denke immer daran. Ich liebe dich, und Ich werde dich vor dem Übel beschützen. Merke dir, Ich werde dich mehr rufen, und wenn du Meine Rufe vernimmst, wisse, daß Ich es bin, Jahwe, der dich rief. Ich werde dir auf diese Weise begegnen. Ich habe dir diese Gabe gegeben, und Ich werde dir immer nahe sein. Bete mehr!

Später:

Ich bin hier, Ich bin hier!

Wer ist es? (Ich hatte Zweifel zu glauben, daß es Jesus war, und ich wollte Ihn abweisen, da ich daran dachte, was der Priester mir gesagt hatte, daß Gott nicht auf diese Weise spricht.)

Jesus Christus.

Bist du es, Daniel? (Ich versuchte, Ihn nicht zu beachten, und hielt Ausschau nach meinem Engel).

Nein.

Daniel?

Nein, nein, Ich bin es, Jesus. Erinnere dich, was Ich dir zuvor gesagt habe, du solltest dich zu Mir wenden. Stütze dich auf Mich!

Wer ist bei mir? (Ich fürchtete mich und hatte Zweifel.)

Ich bin es, Jesus.

Als ich es schließlich annahm, weinte ich.

Warum weinst du? Ich liebe dich.

Ich weinte, weil ich mich Seiner Leiden erinnerte.

Sterben war, dich zu erlösen! Ich habe dich erlöst. Habe Frieden! Rufe Mich, und Ich werde bei dir sein.

Wenn dies irgendwelche Menschen von draußen auf der Straße sähen, sie lachten mich aus!

Weshalb? Weil du Mich anbetest und verehrst?

Zum Beispiel. Wenn ich das anderen Priestern als Fr. Karl zeigen würde, würden sie sich über mich lustig machen und mir nicht glauben. Sie würden sagen, ich sei verrückt. Sie würden sagen, es sei Satan oder mein Unterbewußtsein.

Wie würden sie es empfinden, wenn Ich mit ihnen auf diese Art gearbeitet hätte?

Das weiß ich wirklich nicht. Einige wären überzeugt. Wenn es sich um einen Bischof handeln würde, dann würden sie vielleicht sagen, sie seien göttlich, doch würden auch einige denken, er hätte sicherlich den Verstand verloren, weil er sich zu stark mit Religion befaßt habe.

Hast du denn vorher schon an Gott gedacht?

Nein.

Merkst du, daß du dich geändert hast?

Ja, ziemlich stark sogar.

Warum? ... Warum?

Wenn ich es richtig darstellen soll, dann muß ich sagen: weil Gott mich gerufen und zu mir gesprochen hat.

Ja. Gesegnet sind, die reinen Herzens sind, denn sie werden Gott schauen!

Plötzlich brach die Hölle los. Das Tier bat mich, es zu verehren. Ich sagte ihm: „Geh!" Es ging. Es hatte gesagt, daß, wenn ich es statt dessen verehre, es mich verherrlichen würde. Ich hieß es zu verschwinden. Und das tat es.

9.9.1986

Ich, Jahwe, liebe dich. Erkenne, daß Ich bei dir gewesen bin.

Im Gebet?

Auch auf diese Art und Weise. Ich segne dich ... Warum, warum nur hast du Mich zurückgewiesen? Ich bin Jahwe, fürchte dich nicht! Fürchte dich nicht! ... Hast du dich glücklich gefühlt (während der Begegnungen und Diktate)***?***

Ja.

Wie denn würde das sein, wenn es vom Bösen gewesen wäre?

Gib mir deinen Namen! (Ich war mißtrauisch.)

Jahwe ist Mein Name. Liebe Mich. Ich, Jahwe, werde dir helfen.

10.9.1986

Friede sei mit dir! Ich bin Jahwe. Ich lehre dich und erinnere dich daran, wer dich erschaffen und wer dich geliebt

hat. Ich wünsche deinen vertrauten Umgang. Ich liebe dich. Fühle dich geliebt! Ich werde dich beschützen. Ich werde dich trösten.

Ich dachte plötzlich, daß Gott doch nicht so zu mir sprechen könne, einem solchen Niemand, also dachte ich, täusche ich mich vielleicht doch und verstehe falsch. Es war vielleicht mein Engel.

Daniel?

Warum glaubst du, es sei Daniel?

Weil ich doch anfangs von Daniel angesprochen wurde. – Daniel?

Nein.

Daniel?

Nein.

Daniel?

Nein! Ich bin Jahwe. Bist du bereit, Mich zu hören?

Ich preise Dich, Vater, Dich, der mich belehrt hat. Ich bin jetzt glücklich.

Warum?

Weil Du mir geholfen hast.

Endlich habe Ich dich Mir nahe gebracht.

Darf ich wiederum Deinen Namen erfragen?

Jahwe.

Bitte verstehe, warum ich zweimal prüfe.

Das tue Ich. Bist du bereit, Mich zu hören?

Ja!

Bist du glücklich, Mich jederzeit zu empfangen?

Ja. Ich bin vor Freude überwältigt.

Warum?

Weil ich ganz angefüllt mit Liebe von Dir bin, mein Gott, welche wie ein Springbrunnen aus mir emporschießt, und Du bist es, Gott, der mich belehrt hat und mir dabei half.

Hilf den anderen auch, genauso zu empfinden!

Wie?

Ich, Jahwe, werde dich leiten.

12.9.1986

Friede sei mit dir! Jederzeit, wenn du möchtest, begegne Mir, jederzeit, wenn du durcheinandergebracht bist (durcheinandergebracht wegen einer Botschaft), ***dann wisse, daß nicht Ich es bin, der sie schrieb. Jede Botschaft, die dich beunruhigt, habe nicht Ich, Jahwe, geschrieben. Jedesmal wenn du dich unglücklich fühlst, wisse, es ist nicht von Mir. Fühle dich frei und begegne Mir. Ich, Jahwe, bin Friede. Heiße Mich willkommen in deinen Gebeten. Lies Mein Wort!***

Ich frage mich manchmal, warum das alles?

Weil Ich euch daran erinnern möchte, wieviel Liebe Ich für euch alle habe. Lies Mein Wort mit Liebe!

Mein Vater im Himmel, hast Du mich wirklich gerufen?

Geliebte, das habe Ich.

17.9.1986

Friede sei mit dir! Ich bin es, Jahwe. Ich werde dir helfen, Mein Wort zu verstehen, und Ich werde dich lehren. Vermehre deine Liebe zu Mir!

Ich möchte nichts Verkehrtes machen, das all das zerstören würde. Da wäre ich sehr traurig.

Ich werde nicht warten, bis es dazu kommt. Ich werde dich trösten. Ich bin dein ewiger Vater, der dich liebt, der dich erschuf. Ich habe, als du den ersten Atemzug tatest, dich eng an Mich gehalten. Liebet einander, weil ihr alle durch Meine Hand erschaffen seid. Ihr alle seid Meine Kinder. Denket daran, wer euch gegründet hat, und wagt euch nicht anderswohin. Kommt zu Mir, und Ich werde euch mit Meinen Segnungen bedecken. Ich werde Meine ganze Liebe auf euch

gießen. Liebet Mich mehr! Der Pfad zu Mir ist mitten unter euch, nehmt ihn, und er wird euch zu Mir führen. Mit offenen Armen will Ich euch willkommen heißen. Ich werde euch umarmen und segnen. Betet um Rechtschaffenheit.

19.9.1986

Friede sei mit euch! Ich bin der Friede. Rebelliert nicht gegen Mich. Alle jene, die Ohren haben zu hören, hört auf Meine Rufe. Warum, warum habt ihr Mich verlassen? Mich, der euch so sehr liebt? Warum seid ihr so wenige, die an Mich denken? Habe Ich, Gott, euch nicht gegründet? Habe Ich euch nicht geliebt, gehegt, gepflegt und euch gesegnet? Laßt ihr euch von Fantasien ablenken? Ist es das, was ihr vorgebt zu sein? Habt ihr Mich nicht gefühlt? Läutert und reinigt euch, denn Ich bin in euch. Seid ihr, Geliebte, wie Blätter, die welken und fallen, wenn der Herbst kommt? Kinder, Kinder, kommt zu Mir zurück. Füllt Meine heiligen Orte auf und erfreut Mich!

Lieber Vater im Himmel, was aber, wenn sie nicht hören?

Jedermann hat Ohren, sie sollten wissen, warum und wofür Ich sie machte. Ich habe ihnen Augen gegeben, um zwischen Dunkelheit und Licht zu unterscheiden. Vermehre Mein Glück, Tochter, indem du deine Liebe zu Mir bewahrst. Begrüße Mich in deinen Gebeten. Ich bin euer himmlischer Vater, der allmächtige Gott! Lies Mein Wort! Verlasse dich darauf!

21.9.1986

(Wieder Zweifel, daß Gott zu mir sprechen kann. Diesmal sprach Jesus.)

Ehre sei Gott!

Bist du es, Daniel?

Warum, warum Daniel?

Daniel ist derjenige, der Gott immer verherrlicht.

Bist du ganz sicher, daß nur Daniel Gott verherrlichte?

(Hier verstand ich. Ich lächelte.)

Warum zweifelst du? Ich bin Jesus Christus, Gottes geliebter Sohn. – Ich liebe euch alle.

23.9.1986

Friede sei mit dir! Höre Mich! Ich, Gott, werde dich nie, nie verlassen. Lebe im Frieden! Fühle dich nicht beunruhigt, Vassula, schau dich an, du bist der Beweis Meiner Liebe. Ich habe dich bekehrt. Du strahlst Meine Liebe aus. Ich, Gott, predigte dir, Ich hielt dich nahe an Mich, weil du Mein Eigen bist. Fühle, wie sehr Ich dich liebe.

Darf ich Dich fragen, warum Du mir diese Gabe gegeben hast?

Ich gab dir diese Segnung. Nimm sie an. Rufe Mich zu jeder Zeit, wann immer du möchtest. Ich, Gott, werde dich rufen, ungeachtet dessen, wer du bist. – Gesegnet sind die Kleinen, denn sie werden das Königreich Gottes erben. Gesegnet sind, die rein im Herzen sind, denn sie werden Gott schauen. – Vassula, lies das immer wieder und verstehe es. Glaube Mir, jemand, der beides erhalten hat, bei dem sind die Barrieren durchbrochen. Und sie werden eingehen in Gottes Halle. Abba wird sie willkommen heißen.

4.10.1986

Friede sei mit dir! Komm, komm zu Mir, erfreue Mich! Willst du Mir deine Fragen vorbringen?

Hast Du das Gefühl, wir ignorieren Dich?

Ja. Daher hüte dich vor dem Schlafen ... Der Morgenstern des Himmels ist bald schon zu sehen. Sollte nicht Ich, der Ich euer Vater bin und Sorge für euch trage, euch warnen? Ich bin Jahwe, euer Schöpfer, und ihr alle seid Meine Kinder. – Wo, wo gedenkt ihr hinzugehen? Habt ihr jemals darüber nachgedacht? Glaubtet ihr wirklich, ihr seid von selbst

gekommen? Hattet ihr geglaubt, daß Ich euch verlassen habe? Oder daß Ich nie existierte? Glaubtet ihr wirklich, daß Mein Wort nur eine Art Sammlung hebräischer Märchen sei? Höre Mich, Mein Wort ist lebendig und die Wahrheit. Es ist zu deiner Erleuchtung und Hilfe, Mich besser zu verstehen, wer Ich bin, was du bist. Mein Wort ist da, um dir zu helfen, Mich zu finden. Kinder, Kinder, ist eure Religion auf wissenschaftliches Verständnis gegründet? Stoßt Mich nicht weg, und versteckt euch nicht mehr länger vor Mir. Wie konntet ihr euch nur so weit von Mir entfernen?

Glaubt an die Auferstehung! Glaubt doch, daß eure Seelen weiterleben werden. Driftet nicht ab und lebt kein Leben, in dem ihr analysiert, wie ihr entstanden seid, da Ich euch sage, daß ihr alle von Mir gekommen seid. Ich, Gott, bin euer Schöpfer. Ich habe euch erschaffen, weil Ich das Leben liebe. Ich schuf euch, damit ihr in Meinem Licht lebt. Ich erschuf die Himmel, Ich erschuf alles. Wie sonst dachtet ihr, sei all das geschaffen worden? Die Himmel waren nicht einfach da, und ihr seid nicht zufällig ins Dasein gekommen. – Die Schöpfung ist von Mir gemacht. Laßt eure Akademien euch mehr darüber lehren, wie ihr ins Dasein kamt. Laßt sie die Antwort auf die Lebensfrage finden, weshalb ihr existiert. Einigen von euch erscheint es nicht einmal der Mühe wert, danach zu fragen, sie nehmen das Leben, wie es kommt und glauben nicht, daß eure Seelen weiterleben, wenn ihr einst sterben werdet. Blind, blind und taub weigern sie sich zu sehen und zu hören. Seid ihr von Furcht erfüllt, die Wahrheit zu finden? Ich bin die Wahrheit. Fürchtet ihr euch, Mich zu finden? Habt ihr eure Augen verschlossen, so daß ihr Mich verleugnet? Ist es so einfacher für euch, oder seid ihr am Suchen? Ich bin der Weg.

Ich bin der Weg, und Ich liebe euch. Ich bin das Licht, das jedem leuchtet, damit er die Wahrheit schaut. Geliebte Kinder, Mein Herz schmerzt, euch alle schlafen zu sehen. Wie könnte Ich nicht zu euch kommen und euch warnen? Wie könnte Ich euch verlassen, wenn das Böse unter euch einherschleicht wie ein Wolf und darauf wartet, euch zu verschlingen? Ich möchte euch aufwecken, damit ihr Mir begegnet. Ich sehne Mich danach, diesen glorreichen Augenblick zu

sehen ... Wird euer Schlaf für immer währen? – Gott schien wie zu Sich selbst zu reden, gerade an dieser Stelle. – ***Ich, Gott, habe euch gerufen. Ich, Gott, rufe euch immer noch. Kommt zu Mir!***

Später an diesem Nachmittag:

(Ich habe wiederum Probleme zu begreifen, daß es wirklich Gott ist, der zu mir spricht.)

Friede sei mit dir! Erinnere dich, wer die Welt gegründet hat und die Himmel! Wer erschuf dich? Wer segnete und liebte dich? Wer gab Seinen eingeborenen Sohn der Welt, um die Welt zu retten? (Jesus sprach hier von Seinem Vater.)

Viele möchten es nicht glauben, daß es von Dir ist, sie werden sagen: „Es ist nicht von Gott. Gott wirkt nicht auf diese Weise.“

Wie wirkt Gott? Wirkt Gott irgendwelche Wunder?

Ja, Er tat das immer. Doch ich bin es, ich bin das Problem.

Bist du böse? Verehrst du einen anderen Gott?

Ich verehre keinen anderen Gott.

Rufst du andere Götter in deinen Gebeten an?

Nein.

Dann fühlte ich die Gegenwart unserer heiligen Mutter in meiner Nähe.

Liebe sie! Erinnerst du dich, welche Worte Ich sprach, als Ich am Kreuz hing? Ich sagte, daß sie auch deine Mutter ist. Sie liebt dich und kümmert sich um dich. Abba gibt, wenn Er will. Nimm an, was Gott dir gibt!

Wie fühltest Du Dich, als der Priester mir sagte, daß Du mich aus der Kirche hinausgeworfen hättest? Und wenn ich an die Tür der Kirche geklopft hätte, hättest Du nicht geöffnet, weil Du verweigern kannst.

Ich weinte. Ich verbarg Mein Antlitz in Meinen Händen und weinte. Meine Kirche ist für jedermann. Ich heiße jeden willkommen, der an Meiner Tür anklopft. (Mt 7, 7: „Klopft an, so wird euch geöffnet werden!“) ***Ich, Jesus, werde die Tür öffnen. Ich bin euer Erlöser, der euch liebt.***

5.10.1986

Der Friede sei mit dir! Ich erzog dich, damit du Meine Trägerin seist.

Wann werde ich wissen, wem ich die Botschaften geben soll?

Überlasse diese Dinge Mir! Ich werde dich, Vassula, „Meine Trägerin" nennen.

Ich mache so viele Fehler.

Ich nehme dir deine Fehler nicht übel, weil du noch eine Lernende bist. Ich bin der Friede. Ich werde dich nie mit einer Botschaft, die dir Unruhe bringt, allein lassen. (Gott begann, mich unterscheiden zu lehren.) ***Ich werde dir Meine Botschaften dann geben, wenn es an der Zeit ist. Ich werde dich führen, sie weiterzugeben. Bist du gewillt, das für Mich zu tun?***

Gib Deinen Namen an, bevor ich zusage.

Ich bin Jahwe, dein Gott.

Ich akzeptiere, von Jahwe geführt zu werden.

Jede Botschaft, die dir Angst macht oder dich besorgt zurückläßt, kommt nicht von Mir. Ich bin Frieden und Liebe. Ich möchte, daß du bei der Arbeit mit Mir Frieden empfindest.

9.10.1986

Friede sei mit dir! Ich, Gott, möchte, daß Meine Kinder zu Mir kommen. Ich möchte, daß Meine Kinder in Frieden leben.

Warst Du beunruhigt, als Du die Botschaft vom Achten niederschriebst?

Geliebte, wie konnte Ich es nicht sein? Wenn sie in einer Periode des Blutvergießens leben, schreien Meine Botschaften laut nach Frieden. Ich, Gott, bin der Allmächtige, und Ich bin fähig, dem Verderben Einhalt zu gebieten und das Böse

wegzunehmen, um Frieden und Ordnung zu wahren, doch Ich möchte, daß Meine Kinder aufwachen. Sind alle Meine Kinder zurückgekehrt, werde Ich, Gott, voller Glück sein. Ich bin voll Liebe, voll Erbarmen, Ich bin euer Tröster.

11.10.1986

Der Friede sei mit dir!

Warum bin gerade ich es, die Gottes Botschaften empfängt?

Ich, Gott, erwählte. Ich habe dich gewählt. Ich zog dich auf, so daß Ich dir Meine Botschaften geben kann.

Hast Du das kürzlich erst entschieden?

Hier hast du Meine Antwort: Ehe du in deiner Mutter Schoß gebildet wurdest, habe Ich, Gott, es geplant. Lerne, wie Ich arbeite.

Ich beging inzwischen so viele Sünden!

Jede Sünde ist von Mir vergeben, wenn du um Vergebung bittest. Sei Mir jetzt nahe und Ich werde dich führen. Ich belehre dich immer noch, so lasse dich nicht entmutigen, wenn du Fehler machst. Ich, Gott, bin der Allmächtige. Ich habe das ganze Universum in Meiner Handfläche.

Herr, keiner wird all das glauben ... Die Skeptiker werden sagen, ich sei verrückt, wieder andere beziehen sich auf mein Unterbewußtsein.

Überlasse diese nur Mir. Ich bin Jahwe, dein Schöpfer. Ich führe dich, Vassula, du brauchst dich nicht zu fürchten. Denke daran, Ich führte schon viele andere vor dir. Ich stürzte Könige und Königreiche, Ich ebnete Pfade, auf daß Mein Wort bekannt werde. Ich bin derselbe. (Dabei verstand ich, daß niemand fähig sein wird, Ihm und Seiner Botschaft Einhalt zu gebieten.) ***Höre Mich, Ich half all jenen, die Mir folgten. Ich werde immer demjenigen helfen, der Mir nachfolgt. Vergiß nicht, Ich bin immer bei dir!***

12.10.1986

Friede sei mit dir! Jedes Wort, das du als nicht richtig empfindest und das dich beunruhigt, das habe die Freiheit zu korrigieren. Ich, Gott, gebe dir jenes Gefühl. Vassula, bist du glücklich?

Mehr als glücklich, überwältigt! (Ich kann es nicht beschreiben, wenn ich Gottes Liebe über mir fühle.)

Später kam mein Engel:

Ich bin Dan. Ich bin vor dir.

Dan! Wie, du kommst?

Erinnerst du dich an das, was ich dich lehrte? Sei darauf bedacht zu erkennen und zu unterscheiden. Arbeite auf diese Weise, und du wirst Fortschritte machen. Ehre sei Gott!

Warum bist du gekommen?

Weil ich dich sehr liebe. Stütze dich auf Jahwe, denn Er ist dein Erlöser.

Warum bist du gekommen?

Ich bat darum. Denke daran, stütze dich auf Gott! Ich liebe dich. Ich meine es ernst. Stütze dich auf Jahwe und gehe hin in Frieden!

Am Tag vor dieser Botschaft bekannte ich Gott gegenüber, daß ich meinen Engel Daniel liebe und mich gut und im Frieden mit ihm fühlte, aber Gott bat mich, Daniel jetzt sein zu lassen und bei Ihm zu sein, weil Er selbst mich lehren wolle. Und ich dachte traurig, ich könne nun nie mehr mit Daniel sprechen.

Ich, Daniel, segne dich im Namen Gottes, des Vaters, Seines geliebten Sohnes Jesus Christus und des Heiligen Geistes. Ich bin Gottes Diener.

Erinnerst du dich, wie ich noch vor acht Monaten war?

Ich erinnere mich, du warst Gott gegenüber gleichgültig.

Ja. Erinnerst du dich, als Gottes Name von dir erwähnt und geschrieben wurde?

Ja.

Du sagtest: „Gott ist nahe und liebt dich." Es war für mich gerade so, wie wenn du mir sagst: „Heute ist das Wetter schön." So war damals meine Einstellung.

Schlimmer …

Dann all die Angriffe, die ich gehabt habe. Ich fühlte mich, als ginge ich durch ein Fegefeuer.

Nimm es an, wie es ist!

Ich stelle mir vor, daß das vielleicht so ist wie das, was man durchmacht, nachdem man gestorben ist, Fegefeuer, doch dann, wenn man geläutert ist, ist einem alles viel klarer. Man ist reiner und edler … Ich liebe Gott so sehr! … Will Gott wirklich, daß wir so vertraut mit Ihm umgehen?

Ja. Rufe Ihn! Wende dich Gott zu!

Kann ich das wirklich?

Ja. Das Licht ist hier …

Mein Engel wich jetzt der Gegenwart Jesu. Jesus übernahm.

Ich liebe dich, Ich werde dir helfen, Ich bin der Friede. Fühle Mich!

Jesus wollte, daß ich Seine Gegenwart fühle.

Ich werde dir Zuflucht gewähren, Ich werde dich beschützen.

Gott bat mich, Seine Botschaft niederzuschreiben, die Er uns am 8.10.86 gegeben hatte.

Ja! Friede sei mit euch. Ich, Gott, rufe euch jetzt. Hier ist Meine Botschaft: Erinnert euch, Ich, Gott, lebe, Ich lebe, Ich existiere. Seid ihr immer noch am Zweifeln? Seid ihr immer noch am Analysieren, wie das möglich sei? Wollt ihr eure ganze Lebenszeit damit verbringen, Mich zu analysieren, Mich zu diagnostizieren, unter endlosen Diskussionen, ob Ich bin oder nicht? Warum? Hört Mich an:

Als Ich zuerst die Erde gründete, da war Ich von Freude erfüllt. Ich breitete die Sterne aus und gab einem jeden von ihnen einen Namen. Später erschuf Ich euch mit Liebe und Glück. Mit Meinen eigenen Händen formte Ich euch und gab

euch den Atem des Lebens. Ich richtete euch auf und segnete euch. – Ich bin euer heiliger Vater. Dann sandte Ich euch weise Männer zur Führung und zu lehren, wie alle Schöpfung begann. Ich offenbarte Mich euch (solchen Leuten wie mir, die Gott vergaßen), *um euch zu lehren, wie eure Anfänge waren, wer euer Schöpfer ist. Ich, Gott, bin euer Vater, und nun verbringt Generation um Generation damit, Mich sorgfältig zu überprüfen, Mich zu analysieren, in ständigem Dunkel zu weilen, vor Mir zu fliehen, ein Chaos unter euch zu schaffen. Könnt ihr nicht einsehen, wie ihr euch gegenseitig abschlachtet, Kriege verursacht, einander haßt, ganze Rassen und Städte ausrottet, euer Heimatland verwüstet, eure Frauen zu Witwen macht und eure Kinder zu Waisen, nur Haß bekundet? Wohin, wohin nur ist all Mein Segen gelangt? Wohin ist die Liebe, mit der Ich euch segnete? Wo sind Meine Kinder, wo sind sie, wohin sind sie gegangen? Ich kann sie gar nicht mehr erkennen.* (Voll Kummer sprach Gott diese Worte, hat Gott doch den Menschen nach Seinem Bild erschaffen, und dieses Bildnis war nun durch den Menschen selbst zerstört worden.)

Wohin sind sie gegangen? Das Böse hat sie gerufen, indem es sie als Waffen anheuerte, um alles Licht, das noch in ihnen war, vollends auszublasen und sie völlig zu zerstören. Ich weine unter Schmerzen, Meine Kinder für ewig verloren zu sehen. Strahle Ich denn Zorn, Haß oder Zerstörung aus? Habt ihr Mich jemals für einen Gott des Krieges gehalten? Bin Ich nicht ein Gott des Friedens und der Liebe? Hört Mich, o Kinder, erschaffen durch Meine eigenen Hände, aus der Krippe kommend, die Ich für euch machte, aus Meinen Händen kommend, mit denen Ich euch nahe an Meine Brust hielt, gesegnet aus dem Innersten Meines Herzens, geheilt von Meinem geliebten Sohn Jesus Christus, geliebt und hochgeschätzt von Mir – was ist nur aus euch geworden? Wohin gedenkt ihr zu gehen? Hört Mir zu: Kehrt zurück zu Mir, kommt zurück zu Mir, der Ich euch so sehr liebe. Lernt von Mir, Ich bin heilig, so seid heilig, lebt heilig! Verleugnet Mich nicht unter dem Vorwand, Mich nicht zu kennen, und tut nicht, als ob ihr Mich nie gekannt hättet! Habt ihr euch eingebildet, daß Ich nie existierte und daß Mein Wort nur zur

Unterhaltung der Hebräer da war? Glaubt an Mein Wort, denn Ich bin dessen Urheber.

Mein Wort ist lebendig, so wie Ich lebendig bin. Wäre es nicht so, könntet ihr nicht gewesen sein. Hört auf Mich! Das Erdenleben ist nur eine kurze Passage, und ihr geht nur kurze Zeit durch es hindurch. Wie könntet ihr euch mit einem verdunkelten Leben jemals glücklich fühlen? Wie könnte irgendwer von euch glauben, im Dunkeln überleben zu können? Nicht einmal ein Schilfrohr lebt ohne Licht. Ich bin das Licht, und wenn ihr in Mir seid, werdet ihr leben. Ich leuchte einem jeden, damit er sehe und in Meinem Licht sei. Mein Herz schmerzt, euch in den Klauen des Bösen zu sehen, indem ihr in der Finsternis verbleibt. Ich kann euch alle hören, wie ihr zweifelt und Mich analysiert, wie ihr euer Antlitz von Mir abwendet, euch weigert zu hören, euch weigert zu sehen. Ihr habt eure Türen vor Mir verschlossen ... Meine Eigenen! Meine eigenen Kinder analysieren Mich! Viele von euch glauben nicht an Mich. Wie nur habt ihr Mich vergessen? Wie kann ein Kind seinen eigenen Vater vergessen oder irgendeinen Zweifel hegen, einen Vater zu haben? Ist dort auf Erden ein Kind, das glaubt, daß es nie einen hatte? Nenne Mir ein Kind, das glaubt, es sei von sich selbst gekommen ... Warum, warum nur bereiten einige Meiner Kinder Mir so viel Kummer?

Ich, Gott, bin euer Vater, euer Schöpfer, und Ich liebe euch alle. Erkennt Mich an! Zweifelt nicht und fürchtet euch nicht vor Mir! Fürchtet Mich nur, wenn ihr gegen Mich rebelliert. Warum flieht ihr vor Mir? Habt den Himmel als eure Heimat, Mein Haus ist euer Haus. Kinder, Kinder, verleugnet ihr Mich, weil Ich, Gott, nicht in eure wissenschaftliche, systematische Welt passe, die ihr geschaffen habt? Versucht ihr, euer spirituelles Leben zu zerstören? Verspottet ihr jene, die Mir Glauben schenken, indem ihr sie als Träumer bezeichnet? Jene, die ihr verspottet und Träumer nennt, sind jene, die wachsam sind, und Mein Heim wird ihr Heim sein, sie werden alles mit Mir teilen, was Ich habe, und auf Meinen Weiden der Ruhe werden sie sich ausruhen und nie mehr Mangel haben, nie mehr leiden. Ich bin heilig, so seid auch

ihr heilig! Lebt heilig! Verherrlicht Mich! Empfangt Mich! Glaubt an Mich und liebt Mich, seid in Meinem Licht. Hört Mich jetzt:

Ich, Gott, offenbare Mich von neuem in eurem Zeitalter, ja, in eurer Zeit. Ich bin derselbe. Ich bin immer bei euch. Verherrliche Mich und erinnere dich:

Ich werde dich rufen, Vassula. Empfange Meinen Frieden! Ich werde dich leiten. Ich liebe dich. Denke daran: Ich werde euch wieder vereinigen.

Später:

Bist du glücklich, bei Mir zu sein? Vergiß deine Kümmernisse und fühle dich glücklich. Ich, Gott, bin derselbe. Ich führe Meine Angehörigen in derselben Art und Weise. Ich segne euch alle. Lerne, Vassula, daß Ich es bin, Gott, der dich führt. (Ich hatte Probleme zu akzeptieren, daß es wirklich der Allerhöchste war, der zu mir in so schlichter Weise sprach. Mein Gemüt wankte.) ***Bleibe Mir nahe, fürchte dich niemals vor Mir, denke mehr noch, Tochter, über Meine Heiligkeit nach! Schreibe jetzt dieses nieder:***

Ich bin Jahwe, der dich führt. Ich habe, Tochter Meiner Wahl, zu Beginn der Zeiten hebräische Propheten geführt, sie belehrt, ihnen Führung und Hilfe zuteil werden lassen, damit sie Mich erkennen. Ich, Jahwe, bin derselbe Gott (Ex. 3, 15: ... Jahwe, der Gott eurer Väter, der Gott Abrahams, der Gott Isaaks und der Gott Jakobs ...). ***Ich führte viele weise Menschen. Ich, Gott, wirke auf dieselbe Art und Weise. Ich beabsichtige, euch alle zu Mir zurückzubringen. Ich werde euch nahe bleiben. Lernt, daß Ich, Gott, euch alle wieder vereinigen werde, um Meine Heiligtümer anzufüllen. Ich habe Mich wiederum offenbart, um euch zu Mir zurückzuführen. Ich habe zugesehen, wie ihr euch zerstreut, Mich verlassend und vergessend. Ich wartete auf die Verbesserung eurer Gesetzgebung. Ich erinnerte euch, daß euer Leben nur ein kurzer Durchgang auf Erden ist. Ich erinnerte euch daran, daß Ich euch gesegnet habe. Ich bin langsam im Zorn. Ich, Gott, bin voller Liebe.***

Später:

Der Friede sei mit euch! Das Licht gibt euch Führung, Geliebte! Lebt friedvoll!

Ich möchte Dir sagen, daß ich Frieden fühlte und zufrieden war mit Dan. (Ich verspürte Sehnsucht nach meinem Engel.)

Lasse ihn, denn er ist nur Mein Diener, Ich bin euer Schöpfer, Gott der Allmächtige!

Ich muß Dir sagen, daß ich mit Dan im Frieden war und daß ich ihn liebe.

Ich weiß, lasse ihn!

Er sagte mir einmal: „Kein Mensch hat seinen Engel jemals so sehr geliebt wie du es tust." Sagte er das bloß so, oder war es ihm Ernst?

Es war ihm Ernst. Lasse ihn jetzt und sei mit Mir! Stütze dein Haupt auf Mich! Fühle, wie Ich dich liebe. Du bist Meine Tochter. Ich bin dein himmlischer Vater und segne dich. Du bist Mein. Ich bin Jahwe, und Ich werde niemals zulassen, daß dir jemand schadet. Fühle Meine Liebe, die Ich für dich habe. Höre auf Mich:

Ich beobachtete dein Wachsen von zarter Kindheit an. Ich hielt dich nahe bei Mir, und du gefielst Meinen Augen. Ich schaute zu, wie du so wie die von Mir erschaffenen Wildblumen wuchsest. Mein Herz war von Freude erfüllt, dich in Meinem Licht leben zu sehen. Ich blieb dir nahe. Meine Knospe fing zu blühen an, du erreichtest die Zeit, um geliebt zu werden. Ich fühlte dich, und du entzücktest Mich. Ich fühlte dein Herz und segnete dich. Ich las deine Wünsche und liebte es, sie zu fühlen. Ich blieb dir nah, half dir, deine Schönheit zu bewahren. Ich sah, daß du erblüht warst, so rief Ich dich, doch du hörtest Mich nicht. Ich rief wieder, aber du beachtetest Mich nicht. Du besuchtest Mich gelegentlich, und Mein Herz freute sich, dich diese wenigen Male zu sehen, die du Mich besuchtest (in der Kirche). ***Es erfüllte Mich mit Freude! Ich wußte, du warst Mein. Doch du schienst Mich vergessen zu haben, du hast noch nicht einmal gespürt, daß Ich dir nahe war. Jahre vergingen, dein Duft verließ dich, deine Blätter, die den rauhen Winterwinden ausgesetzt***

waren, begannen zu fallen, dein Haupt war gebeugt, und deine Blütenblätter verloren ihre samtene Frische und ihre Schönheit. Die Sonne hatte begonnen, dich auszudörren. Deine Gesinnung wurde hart.

Höre Mich, Ich beobachtete dich mit Erbarmen, Ich konnte es nicht länger ertragen. Viele Male näherte Ich Mich dir, dich fühlend, aber du warst zu weit weg. Du konntest Mich nicht erkennen. Du wußtest nichts mehr von dem Einen, der über dich geneigt dich hielt und bei deinem Namen rief. Ich klagte über deine vergangene Schönheit, als Ich Mich in Meinen Armen ein armseliges Kind von erbärmlichem Aussehen halten sah. Dein Anblick ließ Mein Herz aufschreien. Dennoch konnte Ich in deinen Augen einen schwachen Schimmer der Liebe erblicken, der Liebe, die du einst in deiner Jugend für Mich hattest. Ich hob dich empor zu Mir, deine kleinen Hände hielten sich an Mir fest. Ich fühlte Mich erleichtert zu sehen, daß Mein Kind Mich brauchte. Ich trug dich wieder heim und heilte dich mit Meiner ganzen Liebe. Ich gab dir Wasser, deinen Durst zu löschen, Ich nährte dich und pflegte dich langsam wieder gesund.

Ich bin dein Heiler, Ich bin dein Erlöser, Ich werde immer sein. Ich werde dich nie verlassen. Ich liebe dich. Ich, Gott, werde niemals zulassen, daß du dich wieder verirrst. Erfreue Mich jetzt und bleibe bei Mir! Ich zog dich groß, Geliebte. Stütze dich auf Mich, wende dich Mir zu und schau auf Mich! Ich bin Gott, dein himmlischer Vater. Erkenne, warum Ich bei dir bin. Ich, Gott, werde dasselbe allen Meinen anderen Söhnen und Töchtern erweisen, denn ihr alle seid Mein. Ich werde sie nicht in der Sonne ausdörren lassen. Ich werde sie beschützen und wiederherstellen. Ich werde nicht warten, um ihre Blätter sich zerstreuen zu sehen, Ich werde nicht warten, um euch dürsten zu sehen. Denkt daran, Ich, Gott, liebe euch alle. Ich werde euch alle wieder vereinigen.

In dieser Passage zeigte Gott mir eine Vision, während Er vom Zustand meiner Seele sprach. Wäre ich damals gestorben, dann wäre meine Seele in einem sehr dunklen Bereich gewesen. Was ich sah, war folgendes: Ich sah mich selbst als ein winziges Kind von ungefähr sechs Jahren, auf meiner rechten Seite ausgestreckt auf dem Boden liegend. Ich war sehr dünn und hatte kaum Haare an mir. Auch sah das Kind sehr, sehr klein, wie zu kurz geraten, aus. Der Ort war sehr dunkel und der Himmel schwarz. – Dann hörte ich mich selbst. Ich atmete schmerzhaft, wie jemand, der Asthma hat. Von hinten stand jemand bei mir. Seine bloße Gegenwart war tröstlich. Ich sah Ihn sich über mich beugen und bis zu Seiner Brust hochheben. Ich fühlte Seine ungeheuer große Liebe, und ich sah diese kleine Person, die ich war, die Augen nach links drehen, um Ihn zu sehen. Das Weiße meiner Augen war gelb, und ich war erschrocken zu sehen, wie krank ich war. Mit der geringen Kraft, die ich hatte und die noch in mir geblieben war, sah ich meine magere kleine Hand sich ausstrecken und verzweifelt Seinen weiten Ärmel ergreifen. Unverzüglich fühlte ich bei dieser Geste das Herz des Einen, Heiligen: Sein Herz schrie auf vor Mitleid, solchem Mitleid und Liebe. Er trug mich dann sehr sanft und zart zu Seinem Hause hin. Und wie ein Wächter wichen Seine Augen nie von mir. Und wie die liebevollste Mutter zog Er mich auf. Und mit Seiner Liebe heilte Er mich.

14.10.1986

Der Friede sei mit dir, fühle dich geliebt. Höre Mich: Ich, Jesus, werde Meine Kinder versammeln und sie mit Mir zusammentreffen lassen.

Ich glaube, Christus sprach hier von der zukünftigen Verbreitung Seiner Botschaft.

Was wirst Du ihnen sagen?

Ich werde ihnen folgendes sagen: Verzweifelt nicht! Ich, Jesus, bin gekommen, um euch Hoffnung zu geben. Liebt einander, Meine Geliebten. Ich werde in kurzer Zeit wiederum hier sein, Ich liebe euch alle. Denkt daran, seid nicht entmutigt! Benötigt euren himmlischen Vater, liebt Ihn mehr, denn Er ist heilig. So seid heilig, lebt heilig! Ich, Jesus, bin das Licht der Welt. Ich komme, um Hoffnung zu bringen für alle jene, die ihre Hoffnung verloren haben. Findet in Mir Frieden! Vassula, Ich, Jesus Christus, führe deine Hand. Ich bin es! Verherrlicht den Vater durch das Halten und Befolgen

Seiner Gebote! Betet, damit ihr nicht auf die Probe gestellt werdet. Betet mehr und seid wachsam! Kinder, welche Ich mit Meiner ganzen Seele liebe, wendet euch an Mich, um von Mir zu lernen. Folget Mir nach und lernt, heilig zu sein. Liebet eure Feinde und laßt euren Haß!

15.10.1986

Friede sei mit dir!

Kann ich in Deinem Licht sein?

Du bist es. Höre Mich: Ich, Gott, bin derselbe (Da dies alles zu hoch für mich war und mich schwindeln machte, versuchte Gott meine Zweifel wegzunehmen, die wirkliche Hindernisse waren.), ***und Ich wirke immer noch auf die gleiche Art. Es ist wahr, einige von euch kennen Mich nicht, und ihr nennt Mich geheimnisvoll, mysteriös, weil ihr Mein himmlisches Wirken nicht begriffen habt. Ich, Jahwe, bin euer Schöpfer. Ich, Gott, schaffe unaufhörlich. Nehmt Meine Schöpfung an, wie sie ist. Als Ich mit den Anführern der Hebräer war, hörten sie her und bewahrten Meine Rufe. Sie akzeptierten Mich, anerkannten Mich, verehrten Mich und riefen Mich an.*** (Ich hatte tatsächlich Probleme damit, anzuerkennen, daß Gott wirklich zu mir sprach. Gott versuchte mich wiederum zu überzeugen, daß Er tatsächlich ruft.) ***Ich, Jahwe bin derselbe Gott. Ich wirke auf dieselbe Art. Erfreut Mich und glaubt, daß Ich es bin, Gott, der wieder mit euch ist. Ich existiere und Ich lebe. Meine Tür ist nie verriegelt. Meine Tür ist offen, und alles wird von Mir vernommen. Ich bin frei, jederzeit herauszutreten, wenn es Mir gefällt. Jahre spielen bei Mir keine Rolle. Ich bin derselbe. So hört Mich an:***

Ich, Gott, habe euch beständig gerufen (alle von uns), ***warum nur konntet ihr Mich all die Jahre nicht hören?*** (Auf Seine Zeichen wird nicht geachtet.) ***Ein paar nur hörten Mich. Ich bin nicht schwer zu erreichen, und Ich bin nicht kompliziert, Geliebte. Verschließt nicht eure Ohren, sondern hört Mich: Ich, Gott, ergreife jede Gelegenheit, um bei Meinen Kindern zu sein und sie in Meine Nähe zu ziehen. Ich bin ein lebendiger Gott, und Ich existiere!***

Später:

Friede sei mit dir. Ich, Gott, segne dich. Bleibe Mir nahe, fühle Mich (fühle Seine Gegenwart) ***und stütze dich auf Mich! Gesegnet seien deine Buben*** (meine zwei Söhne: Jan und Fabian)***! Ich werde für sie Sorge tragen. Liebe sie beide gleicherweise. Gesegnet sei euer Leben und gesegnet eure Familie. Ich segne jeden von eurer Familie, mögen sie Frieden und Liebe finden. Alle Segnungen leben. Gehe und ruhe!***

21.10.1986

Friede sei mit euch. Ich, Jahwe, liebe dich. Erfreue Mich und bleibe bei Mir, komme näher zu Mir! ...

Gott Vater hörte auf, und Jesus, Sein Sohn, fuhr weiter mit Sprechen.

Ich, Jesus, liebe dich. Iß von Mir! Bleibe in Mir! Ich bin hier, dir zu helfen, siehst du es nicht? Ich bin in dir und du bist in Mir. (Joh 15, 4: „Bleibet in mir, wie ich in euch.“) ***Erinnerst du dich an Meine Worte? „Ich will euch nicht als Waisen zurücklassen, Ich werde euch Meinen Fürsprecher senden, damit er immer bei euch bleibt.“ Hat jemand unter euch wirklich gemeint, Ich hätte euch verlassen?*** (Ich glaube, diese Frage zielte auf mich ab. Sehr ernst sprach Jesus diese Worte.) ***Die Tränen werden trocknen, der Kummer wird dich verlassen, die Leiden werden vergehen, die Müdigkeit und der Überdruß wird ein Ende haben ...***

O Kinder Meines Herzens, was ist aus euch geworden! Ich leide beim Anblick, wie ihr euch plagt. Wie schmerzt Mein Herz, wenn es sieht, wie ihr euch verirrt ... (Hier mußte ich abbrechen. Jesus war sehr betrübt, in Tränen. Ich konnte es nicht ertragen.) ***Schließt Frieden, Meine Kinder, fordert einander nicht heraus! Liebt einander, wie Ich euch liebe. Betet, lebt in Mir und befreit euch vom Bösen*** (von den üblen Anhänglichkeiten an diese Welt). ***Kommt zu Mir! Ich liebe euch so sehr. Betet! Ich sehne Mich danach und bin bedacht darauf, daß ihr alle zu Mir zurückkommt. Ich bete für eure Seelen, bete, daß ihr aufwachen möget und seht, wie ihr euch von Gott, dem Vater, entfernt, ins Dunkel stürzt, ohne zu wissen wa-***

rum. Das Böse hat euch alle möglichen Fallen gestellt, es verbannt von euch alles Verstehen, manipuliert euch mit seiner üblen Herrschaft und Gewalt, die es auf euch ausübt. Ich beobachte das alles und stöhne vor Pein, fühle volles Mitleid, euch in die euch gestellten Fallen laufen zu sehen. Wie könnte Ich nicht leiden angesichts Meiner vom Übel überwältigten Kinder? Ich werde in euch bleiben und euch lieben. Ich, Jesus Christus, segne euch alle!

26.10.1986

Friede sei mit euch. Ich bin hier, seid in Meinem Licht!

(Wiederum Zweifel! Mein Denken kann sich einfach nicht an all das gewöhnen!)

Bitte nenne Deinen Namen!

Jahwe. Höre Mich an: Ich habe darauf gewartet, daß ihr eure Gesetze ändern werdet, und Ich habe euch scharf beobachtet. Ich habe eure freudlosen Bündnisse angehört. Ich hielt für etliche Zeit stille und verzögerte den Drang, gegen euch aufzubrausen.

Ich bin verwirrt! Bist Du es, Herr? (Es war erstmals, daß ich Gott so zornig vernahm.)

Ich bin es! Höre Mir zu! Da Ich dich als kostbar betrachte und Ich euch allesamt liebe, möchte Ich euch wachrütteln. Ich möchte, daß ihr begreift, wohin ihr steuert.

(Ich war immer noch verwirrt ...)

Alle Beziehungen zwischen Vätern und Kindern kennen Zeiten des Folgerns und der Argumentation, so nimm Meine Botschaft an! (Hebr 12, 5-8: Habt ihr den ermutigenden Text vergessen, in dem ihr als Söhne angesprochen werdet? – „Mein Sohn, achte nicht gering des Herren Züchtigung, noch ermatte, wenn du von ihm gestraft wirst, denn wen der Herr liebt, den züchtigt er. Ausdauer ist ein Teil deines Trainings. Gott behandelt euch als Söhne. Denn welchen Sohn züchtigt der Vater nicht? Wenn euch diese Züchtigung nicht zuteil würde, dann wäret ihr nicht Söhne, sondern Bastarde.“) ***Höre Mich: Hast du nicht begriffen? Hast du noch nicht Meine Zeichen gesehen? Weißt du nicht, wie***

Ich arbeite? Höre, höre auf die Schreie der Toten, die ihr gemordet habt und das unschuldige Blut (abgetriebene Kinder)***, das ihr als Pool gebraucht, um euren Durst zu löschen und eure verwüsteten Ländereien zu bewässern. Wie lange soll Ich Mich noch zurückhalten?***

Ich wende Meine Augen ab, der Anblick eurer Taten empört Mich und erfüllt Mich mit Abscheu ... Ich stöhne vor Schmerz, wenn Ich euch zusehen muß, die ihr Meine eigenen Kinder zu Mördern macht! Hört Mich: Ist das so, weil ihr glaubt, daß Ich, Gott, nicht bin? Ihr habt Meine Propheten zu Lügnern gemacht (Gottes Stimme klang sehr bitter)***, nur um eure Handlungen der Zerstörung, Sucht und Gier zu rechtfertigen. O wie blind und taub seid ihr geworden, anspruchsvoll und wählerisch Mir und dem gegenüber, was Ich euch gegeben habe, ungläubig gegenüber Meinem Wort, Mein Wort verachtend und schmähend. Ihr habt euch gegen Mich gekehrt, und eure Herzen haben sich in Steine verwandelt. Eure Ohren habt ihr mit Wachs verstopft und eure Augen eher ausgerissen als sie die Wahrheit sehen zu lassen. Böse, gottlos und schlecht seid ihr geworden, ignoriert Meine Gnaden, ernährt euch von giftigen Vipern ...***

Ich habe aufmerksam lauschend hingehört, doch euren Schrei der Reue habe Ich noch nicht gehört ... Keiner bereut seine Bosheit. Ihr bürdet Mir eure Schlechtigkeit auf, ihr rebelliert gegen Mich. Sagt Mir: Wie lange noch soll Ich Mich stille halten? Söhne und Töchter, erhebt eure Augen und schaut auf Mich, hört auf damit, Böses zu tun, kommt zurück zu Mir, verwerft nicht Meinen Ruf! Ich bin heilig, Ich bin heilig, Ich bin eure Hoffnung auf Heilung. So steht auf und benützt eure Glieder, mit Mir zu wandeln, benützt eure Augen, um den Weg zu sehen, eure Ohren, Meinen Ruf zu vernehmen, euer Herz, um zu verstehen, daß Ich der Vater bin. Ich heile. Ich werde eure Augen heilen, die ihr ausgerissen habt, damit ihr die Wahrheit seht und Meine Hand, die sich euch entgegenstreckt, um euch zu Mir emporzuheben. Ich bin euer ewiger Vater, kommt und ruht in Mir, und ihr werdet die Liebe fühlen, die Ich für euch habe, und den Frieden, den Ich euch geben kann.

2.11.1986

Friede sei mit dir! Ich, Gott, rief dich ungeachtet dessen, was du bist. Ich liebe dich. Höre Mich, Vassula: Ich habe dich dazu gebildet, daß du fähig seist, Mich zu erkennen. Ich bin es, der dir zur Blüte verhalf. So verherrliche Mich, und führe auch andere zu Mir!

Oh, wie könnte ich? Ich weiß doch nicht wie! (Ich war mit dem Befehl Gottes völlig in Verlegenheit und ihm keineswegs nachgekommen.)

Ich, Gott, werde dir helfen. Fühle dich glücklich, fühle dich nicht belastet! Ich werde dich nicht ertrinken lassen. (Es lag darin ein Tonfall väterlichen Humors.) ***Ich finde Wege, Meine Botschaften zu geben, so sorge dich nicht, Meine Vassula, Ich werde deine Schritte lenken. Ich, Gott, bin in dir, fühle dich niemals verlassen. Ich lebe in dir. Geliebte, Ich werde dich mit Meinem Heiligen Geist erfüllen: Sei erfüllt! Ich, Jahwe, nickte dir zu, Mir nachzufolgen. Mit Mir wirst du Meinen Frieden empfinden, du wirst dich freuen. Lasse alle sich erfreuen und verstehen, daß Ich, Gott, ein lebendiger Gott bin. Ich werde dir Meine Unterstützung geben, bleibe in Meinem Licht und erinnere dich: Lasse dich nicht entmutigen, denn Ich bin immer bei dir. Gehe hin in Frieden!***

10.11.1986

Zwei Tage lang fühlte ich mich ganz schrecklich. Wiederum Zweifel! Satan attackierte mich zwei ganze Tage lang. All das ist mir zu hoch, und ich fühle mich sehr entmutigt. Wie kann Gott zu mir sprechen? Jedesmal, wenn Er sich mir näherte, pflegte ich Ihn abzuweisen. Meine Sinne wanken ... Wie ist es nur möglich, daß Gott mit mir sprechen und ins Gespräch kommen kann? Ich muß wohl träumen, aber dennoch gehe ich zum Diktat.

Der Friede sei mit dir, Kind! Ich, Jahwe, bin gegenwärtig. Höre Mich: Ich segne dich. Lebe in Frieden und fühle dich nie, nie mehr untröstlich, denn Ich liebe dich. Warum hast du bezweifelt, daß Ich es bin? Habe nicht Ich dich gelehrt,

Mich zu lieben? Ich war es, der dich führte und dir half, Ich leuchtete auf dich.

Ich bin entmutigt.

Der Teufel ließ dich entmutigt zurück. Ich habe tatsächlich dein Elend gefühlt, so bin Ich herabgekommen, dich zu ermutigen. Ich, Jahwe, werde dich niemals verlassen. Glaube nur nicht, daß Ich dich im Stich lassen könnte. Ich bin dir immer nahe, so wende dich Mir zu und schaue auf Mich! Fühle Meine große Liebe, die Ich für dich habe. Warum nur glaubtest du, Ich verberge Mein Antlitz vor dir? Meine Liebe, die Ich für dich habe, ist ewig. Ich, Jahwe, habe Mich dir genaht, obwohl du Mich vergessen hattest und jahrelang nicht mehr an Mich dachtest. Ich nahte Mich dir, obwohl du keine Liebe für Mich hattest. Ich kam herab zu dir, um dir von der Liebe, die Ich für dich habe, zu erzählen und dich daran zu erinnern, daß Ich, Gott, dich immer geliebt habe. Ich kam, um dich Meine Gebote und Regeln zu lehren: Lerne, daß Ich jeden von euch segne und liebe. Ihr seid Meine geliebten Söhne und Töchter, für die Ich sorge. Ich gab euch diese Gnade, fähig zu sein, Mich zu schauen. Erkennt Mich an, und hört Mich. Ich rief dich und du hörtest Mich, Mein Kind, doch warum, warum nur warst du so gleichgültig Mir gegenüber?

Ich weiß es nicht, warum.

Ist es, weil niemand dir sagte, daß Ich dich segnete, daß Ich dich liebe, daß Ich dein himmlischer Vater bin und du Mein bist? Hast du nicht gewußt, hast du nicht gehört, daß Ich, Jahwe, dein Vater bin? Ist all das vor dir verborgen geblieben? Haben sie dir nicht beigebracht, wer Ich bin? Höre Mich, und nimm Meine Botschaft entgegen:

Befreie dich von den Ketten des Bösen. Die teuflischen Flammen wachsen nur noch mehr und kommen dir näher. Ach, Ich bin betrübt und gequält und stöhne vor Schmerz, dich so teilnahmslos und elend daliegen zu sehen. Du merkst gar nicht, was mit deiner Seele geschieht. Ich bin heilig, lebe heilig! Hört nicht auf jene Abgefallenen, die immer noch im Dunkel umherwandern und dir sagen, Mein Wort sei für die Alten. Lerne, daß deine Seele weiterlebt, so schädige dich

nicht selbst, indem du weiter schlafend bleibst. (Hier wendet sich Gott mir zu.) ***Höre Mich, Tochter: Lasse deine Zweifel und höre auf Mich! Komme Mir auf diese Weise entgegen, begegne Mir, weil Ich dein Schöpfer bin. Siehst du? Ich, Jahwe, lehrte dich, Mich zu lieben, ungeachtet dessen, was du bist.***

Höre auf Mich: (Gott hatte eine sehr gütige und väterliche, klagende Stimme.) ***Warum, warum nur kommen die Meinen nicht mehr zu Mir? Warum verlassen sie Mich? ... Wie nur konnten sie Mich vergessen? Vergißt eine Braut ihren Bräutigam?*** (Jes 54, 5: „Denn dein Schöpfer ist dein Gemahl. Jahwe Zebaot ist Sein Name.") ***Für zahllose Tage hast du deinen Erlöser verlassen. Frage nicht: Wie ist Sein Name? Ich bin es, der dich von Kindheit an verwöhnt hat. Lasse dich nicht willenlos abtreiben von der Strömung toter Dinge, die dich in unfruchtbare Länder führen, wo Trockenheit und Dürre vorherrschen, denn so wirst du sterben. Deine Kehle wird trocken werden von der Sonne, die dich ausdörren wird. Komm zu Mir, komm, und Ich werde dir deinen Becher füllen, Ich will ihn überfließen lassen mit lebendigem Wasser, süßer als Wein, und Ich werde dich auf Meinen grünen Weiden ruhen lassen. Dein müdes Haupt wirst du auf Mir zur Ruhe legen. Solltest du dich nackt und kalt fühlen, werde Ich dir mit Meinem Mantel Schutz und Wärme geben, denn Ich werde alle Meine Liebe, die Ich für dich habe, verströmen und dich mit Meinem Segen übergießen. Ach ... was werde Ich nicht alles für euch Sämlinge tun!***

Erinnert euch, daß Ich irgendein trockenes Holzstück auswählen und es in einen fruchtbaren Baum verwandeln kann. Ich rufe nicht nur die Gerechten und Untadeligen, Ich rufe jeden Sohn und jede Tochter, ungeachtet ihrer Taten. Ich, Gott, liebe euch in gleicher Weise. Ihr seid alle von Mir, so bleibt in Mir! Fragt euch nicht, weshalb das so ist, daß Jahwe jetzt wieder erscheint und euch ruft. Ich bin frei, die Himmel zu durchqueren und an euch vorbeizupassieren. Ich, Jahwe, bin der Erste, und bis zum Letzten bin Ich immer noch da. Ich bin frei, aus dem Himmel hervorzuschreiten und Meinen Thron zu verlassen, um nach Wohlgefallen den ganzen Weg herabzusteigen. Ich habe Mich nicht verändert seit Meiner Schöpfung, siehst du das nicht? Ich werde immer

derselbe sein. Und du, Tochter, lasse deine Zweifel zurück und erlaube Mir, deine Hand zu ergreifen. Ich segne dich für die Liebe, die du für Mich hegst, und den Glauben, den du Mir geschenkt hast. Ich, Gott, liebe dich. Gehe hin in Frieden!

17.11.1986

Friede sei mit dir! Ich, Jahwe, formte dich. Ich rief dich, und du hörtest Mich ... (Gott schien sich sehr darüber zu freuen, daß ich Ihn hörte.) ***Ich predigte dir und führte dich auf dir noch unbekannten Pfaden. Erhebe deine Augen und schaue auf den Einen, der dich jetzt übernimmt. Verstehe, daß Ich es bin, der dir diese Gabe schenkte. Ja, Ich habe dich gesegnet und gab dir Meinen Frieden. Geliebte, du bist Mein. Lerne, wie Ich, Jahwe, arbeite, lerne durch das Lesen Meines Wortes. Ich bin dein Lehrer, so verzweifle nicht, denn du beginnst erst zu lernen. Fürchte dich nicht, Meine Tochter Vassula, Ich kenne deine Eigenschaften und Fähigkeiten. So komme jederzeit zu Mir, denn Ich bin dein Erlöser.***

18.11.1986

Kann ich in Deinem Licht sein?

Du kannst in Meinem Licht sein.

Kann ich bei Jahwe, meinem Herrn, sein?

Ich bin Jahwe, und du bist bei Mir.

Hast Du mich gerufen?

Ja, Ich rief dich.

Bist Du, mein Herr, der Urheber dieser Rufe?

Ich bin deren Urheber.

Du rufst viele, nicht wahr? So ist dieses ein regulärer Ruf wie alle anderen Rufe, der einzige Unterschied ist der, daß es in geschriebener Form ist, nicht wahr?

Meine Tochter, Meine Tochter, höre Mich: Indem Ich dich auf diese Weise rufe, möchte Ich zugleich auch andere führen. Es ist wegen all jenen, die Mich verließen und Mich nicht hören. Aus diesen Gründen erfolgt dieser Ruf in schriftlicher Form. Ich, Jahwe, werde sie in diesem Ruf an viele Ereignisse erinnern, damit Meine Geliebten sich Mir nahen mögen. Nimm den Weg, den Ich dich führe, an: Ich werde jene ermutigen, die wenig Glauben haben, damit sie ihren Glauben an Mich aufbauen. Es ist ein Ruf für jene, die Mein Wort beiseitegelegt haben, um sie zurückzubringen, und damit sie Mein Wort lesen. Es ist, um ihnen zu sagen, daß Mein Wort lebendig ist, heilig und gesegnet. Es ist ein Ruf, sie aufzuwecken. Es ist ein Ruf der Liebe und des Friedens. Es ist ein Ruf, sie an ihre Anfangsgründe zu erinnern und daran, daß Ich, Gott, ihr Schöpfer bin. Ich möchte sie erinnern, daß sie nicht vaterlos sind und daß Ich sie alle liebe.

20.11.1986

Der Friede sei über dir wegen deines Glaubens an Mich. Halte dich an Mir fest und stütze dich auf Mich! Ich, Jahwe, werde dir Stärke verleihen. Ich liebe dich, Tochter, du wirst Meine Stimme, die dich führt und leitet und berät, in dein Ohr flüstern hören, denn Ich liebe dich. Ich werde dich lehren, den Unterschied zwischen Meiner Stimme und anderen Stimmen wahrzunehmen. Ich werde deine Gefühle und dein Unterscheidungsvermögen schärfen, um dich zu befähigen, Mich zu erkennen. Höre Mich: Ich bin dein Lehrer, der dich segnete. Vassula, fühlst du dich glücklich, Mir auf diese Weise zu begegnen?

Sehr glücklich! Überwältigt! Fühle ich mich doch gänzlich zugedeckt von Deiner Liebe.

Ich, Gott, Jahwe, liebe dich. Empfange Meinen Frieden und vergiß nicht, daß Ich immer neben dir bin. Sei niemals entmutigt, Tochter, wenn du in Irrtümer verfällst, weil du ja am Lernen bist. Du hast gerade erst zu lernen begonnen. Stütze dich immerzu auf Mich, und Ich werde dich nie im Stich las-

sen. Ich, Gott, bin vor dir. Lasse dich nicht von Menschen entmutigen, denke daran, Ich, Gott, bin neben dir.

Später:

Friede sei mit dir! Ich, Jahwe, bin hier. Höre und schreibe, Tochter: Wie lange seid ihr imstande, ohne Mich auszuhalten? (Gott redet zu denen, die Ihn verlassen haben.) ***Heiligt euch! Lebt heilig, seid heilig, weil Ich heilig bin! Ich bin gekommen, dir zu sagen, Mein Kind, daß keiner für immer im Dunkel leben kann. Ich habe euch nach Meinem Bild und Gleichnis geschaffen. Ich gab euch ein Herz, um zu lieben und zu verstehen. Sagt Mir: Was kann die Wildnis euch bieten? Sie wird euch Blasen auf eurer Haut entstehen lassen, und eure Gaumen werden vertrocknen. Ihr werdet verzweifelt nach einem Unterschlupf suchen und ihn nicht finden. Es wird keiner da sein, um euch Ruhe zu bieten oder um eure Wunden zu säubern, keiner, um euch zu beruhigen und euch Wasser zu geben, um euch wieder aufleben zu lassen. Ich bin der Weg, Ich bin euer Erlöser, der euch Seinen Frieden, einem fließenden Strom gleich, senden wird. Ich werde euch mit lebendigem Wasser erquicken. Laß die Bösen ihre Bosheit verlassen und zu Mir zurückkehren.***

21.11.1986

Friede sei mit dir! Ich, Jesus, rief dich. Sei friedvoll und schreibe: Ich bin immer bei euch. Ihr (Jesus spricht zu Seinen Lehrern) ***aber ruft Mich nicht an! Ich kann sehen, wie ihr euch wandelt. Die Bürokratie überwältigt Meine Kirche. Hört auf Meine schmerzvollen Rufe: Ihr offenbart Mich auf eine andere Art, als Ich sie euch gelehrt habe. Einige von euch fügen Meiner Kirche Schaden zu. Ich ersticke, Ich komme fast um, wenn Ich sehe, wie ihr zusammenschlagt, was Ich aufgebaut hatte. Wie kann Ich all eure Sünden mitansehen und nicht schreien? Wie kann Ich erfreut sein, wenn ihr Mich an die Pharisäer erinnert? Warum habt ihr vergessen, was von Meinen Lippen kam? Warum konntet ihr nicht einander lieben? Wie könntet ihr Mich ehren, wenn ihr aus-***

wählt und ablehnt? (Seine Lehren, die Tradition der Kirche) ***Ich war nicht nur für die Gerechten ans Kreuz genagelt. Mögen eure Augen erleuchtet werden, so daß ihr Meine Reichtümer sehen könnt.***

22.11.1986

Friede sei mit dir! Ich, Jahwe, hörte dich.

Ich komme nicht voran und fühle mich entmutigt. Ich weiß nicht, was mir mit diesem hier geschehen wird. Was wird aus mir werden? Was soll das alles? Ich bin mir ganz und gar nicht mehr sicher! Warum diese Diktate?

Lasse dich nicht entmutigen! Dämonen versuchen, dich irrezuführen. Ich habe dich gebildet. Laß nicht zu, daß sie dich entmutigen. Weißt du denn, warum diese Dämonen dich entmutigen wollen? Sie sind böse und entschlossen, dich aufzuhalten, Tochter. Sie waren zornig über Meinen Plan von allem Anfang an. Du aber schreitest voran. Ich habe dich wieder aufgerichtet seit der Zeit, da du Mich angenommen hast. Fühlst du dich glücklicher, nachdem du Mich erkannt hast?

Ja, ich spüre, ich brauche nichts weiter als Dich. Du erfüllst mein Leben.

Komme denn, lasse uns üben! Höre nun, und nimm dich in acht vor Stimmen, die nicht von Mir kommen. Bleibe wachsam wie jetzt. Ich bin Jahwe, Gott der Allmächtige, und Ich bin der Urheber der Offenbarungen. Was kannst du sehen, Tochter? („Auf diesem Berg bereitet Jahwe Zebaot ein Festmahl mit reichlicher Nahrung für alle Völker." Jes 25, 6 – Gott gab mir eine innere Vision. Ich sah eine große Halle mit gewaltigen Säulen. Sie erinnerte mich an die Kathedrale von Mailand, doch erstreckte sich in der Mitte von einem Ende bis zum anderen eine lange Tafel. Diese Tafel enthielt eine Menge Speisen, verschiedene Teller und nahe beisammen.) ***Kannst du erkennen, was Ich für euch in Meiner Halle habe? Eine volle Tafel, voll von Segnungen, in Hülle und Fülle, und mit allen Früchten Meines Gartens. Ich habe sie vorbereitet und für Meine Kinder aufgestellt ...***

Tochter, was kannst du jetzt sehen? Kannst du Meine Quelle sehen?

Schon während Seiner Rede sah ich rechts, nicht weit vom Tisch, einen Springbrunnen. Das emporspringende Wasser war breit und kristallklar. Es hatte eine andere Erscheinung als jedes Brunnenwasser, das ich je gesehen habe, weil es lebendig aussah. Das Wasser schien silbern, und zwar so, als sei es von innen her erhellt. Es sah aus, als komme es von der rechten Seite jener Halle, und ich befand mich ganz in der Nähe.

Ja, dieses funkelnde Wasser ist für dich zum Trinken. („O kommt zu dem Wasser, ihr alle, die ihr dürstet, auch wenn ihr kein Geld habt, kommt!" (Jes 55, 1) „Laßt jeden, der dürstet, zu mir kommen! Laßt jeden, der an mich glaubt, kommen und trinken!" (Joh 7, 37-38) „Ich will jeden, der durstig ist, aus der Quelle trinken lassen, aus der das Wasser des Lebens strömt." (Offb 21, 6)

Es ist lebendiges Wasser. Fühle die Umgebung Meines Hauses. Ja, es ist groß, und da ist Raum für viele. Ich habe Zimmer für euch alle („Es gibt viele Wohnungen in Meines Vaters Haus, und wäre es nicht so, würde ich es euch nicht gesagt haben." (Joh 14,2)). ***Mein Haus ist heilig, Mein Haus ist Friede. Komm jetzt und sieh! Sage Mir, wie du dich fühlst. Fühlst du dich glücklich?***

Gott erlaubte mir, mich von der Nähe des Brunnens zu entfernen. Ich schaute auf und sah eine Veranda Seine Halle umgeben, und dort befanden sich Türen. Ich begriff, daß dies Zimmer waren. Dann waren auf dem Geschoß, wo ich stand, zwei Türen offen. Ich ging durch die eine, kam quer durch einen Raum, der zu einer weiteren Veranda führte, und schaute Gottes Glorie, vor allem fühlte ich Ihn überall anwesend. Die Luft war still, und alles war so ruhig. Es war wundervoll, prächtig, herrlich, voll Glorie. Seine Gegenwart war Liebe, Frieden. Ich fühlte Seinen hellen Glanz und Seine Majestät in Seiner Halle, aber auch außerhalb. Und seltsam, ich fühlte mich zu Hause. Ich kam mir nicht wie ein Besucher vor, sondern als ob ich dorthin gehöre. – Dann ging ich aus diesem Raum zurück in die Halle. Ich hörte ein Geräusch aus dem anderen Zimmer mit der offenen Tür. Ich ging hinein und sah ein Kind. Bei dem Kind saß eine Frau. Sie hütete das Kind, das kindliche Laute von sich gab. Ich spürte, daß es Seelen waren. Jahwe hatte sie für

Sein Fest gekleidet. – Ach, wie fühlte ich mich im Hause Jahwes! „Alle finden ihr Heim in Dir, mein Herr“ (Ps 87, 7)

Ja! Da ist Liebe und Frieden. Ich bin gegenwärtig. Du kannst Meine Gegenwart spüren. Ich bin Friede. Tochter, nun, da du die Herrlichkeit Meines Hauses geschaut hast, gehe hin und berichte es ihnen. Gehe und verkündige Meinen Kindern Meinen glorreichen Namen! Bringe ihnen diese Botschaft des Friedens! Erzähle ihnen von Meiner Tafel, die für sie hergerichtet ist, und von der Geräumigkeit, die Mein Haus zu bieten hat, und daß Ich, Jahwe, auf sie warte. Lasse sie zu Mir kommen, damit sie Meine Herrlichkeit teilen. Tochter, du hast wohlgetan, Ich werde dich voranbringen, Ich, Gott, liebe dich. Gehe hin in Frieden, und liebe alle deine Pflichten, Geliebte.

23. 11. 1986

(Als ich diese Botschaften einem der Priester im Bangladesh-Seminar zeigte, wurde ich völlig abgewiesen. Entmutigt und traurig ging ich wieder heim.)

Friede sei mit dir!

Warum ist das so, daß der Priester so völlig zu war? Ich dachte, sie seien die ersten, die sich auf die Dinge des Himmels verstehen.

Ich, Jahwe, bin dir zur Seite. Lehre sie!

(Ich war sehr betrübt ...)

Sei im Frieden! Ich bin dir jederzeit zur Seite. Du brauchst dich nicht zu fürchten ... Ich bin Jahwe, Ich bin es, der dich führt, sei nicht bekümmert. Sie haben nicht begriffen. Laß nicht zu, daß Menschen dich entmutigen. (Gerade hier schien Gott allein zu sprechen. Er schrie es heraus mit lauter Stimme, einer Stimme, die überaus traurig klang.) ***Tot sind die Tage, in denen Segnungen willkommen geheißen wurden*** (Dann sogar noch lauter)***! Zeitalter, o Zeitalter geringen Glaubens! Ich ersticke, Ich komme fast um, wenn Ich sehe, wie Mein Same von toten Worten erfüllt ist! Erhebe dich! Lebe! Verherrliche Mich! Zeitalter des geringen Glaubens, hast du dein Herz für immer verschlossen?***

25.11.1986

Ich, Gott, beobachte. Ich sehe, wie sie ihre Herzen Mir gegenüber verschlossen haben. Sie kennen Meine Arbeitsweise nicht mehr. Sie verstehen Meine Zeichen nicht. Ich habe ihnen Ohren gegeben, Tochter, doch sie benützen sie nicht. Ich habe ihnen Augen gegeben zu sehen, doch sie wenden ihre Augen weg in die andere Richtung und suchen Mich da, wo Ich nicht bin. („Gott hat ihnen einen trägen Geist gegeben, Augen, die nicht sehen, und unaufmerksame Ohren, und so sind sie heute noch." (Röm 11, 8 und Jes 29, 10)

27.11.1986

(Zweifel! Zweifel und nochmals Zweifel!)

Mein Herz zittert, und mein Atem versiegt, Schrecken erfüllt mich. Ich bin die Elendeste, wenn ich in alledem unrecht habe. Schrecken bläht mir das Herz. Ach, und der Teufel lacht noch über meine Angst ... mein Gott! Mein Gott, gib mir ein Zeichen! Bin ich die Beute des Teufels?

Friede sei mit dir! Ich bin Jahwe, und Ich regiere die Himmel und die Erde. Ich bin der Allerhöchste. Stütze dich auf Mich, denn Ich liebe dich. Hier (Gott wollte mir ein Zeichen geben)***, halte das Kruzifix in deiner Hand.*** (Ich nahm in meine Schreibhand ein Kruzifix, das sich auf dem Tisch befand.

Sieh, (Meine Hand verschloß sich so, daß ich weder das Kruzifix noch den Bleistift loslassen oder meine Hand von der Seite wegnehmen konnte. Doch als Er sprach: „Ich werde deine Hand jetzt lösen", da öffneten sich meine Finger.) ***Ich schloß deine Finger zusammen. Ich liebe dich, Ich werde deine Hand jetzt lösen. Fühle dich von Mir geliebt, Tochter, und vertraue Mir! Gehe hin in Frieden!***

(„Wiederum sprach Jahwe zu Moses: ‚Lege deine Hand in deinen Gewandbausch'. Er legte seine Hand hinein, und als er sie herauszog, war seine Hand mit Lepra bedeckt, weiß wie Schnee. ‚Lege deine Hand wieder zurück in den Bausch deines Gewandes'. Er legte seine Hand zurück, und als er sie wieder herauszog, war sie wieder gesund wie sein übriger Leib." (Exodus 4, 7)

28.11.1986

(Ich fühle mich völlig entmutigt, ich bat ja nicht darum, daß mir all das geschehen möge. Warum sollte es so sein? Was habe ich getan?)

Tochter? Lasse dich nie durch Menschen entmutigen.

Keiner ist auf meiner Seite, niemand glaubt mir, bin ich denn verrückt? Warum tadeln sie mich, weil Du zu mir sprichst?

Schau Mich an! (Ich sah das sehr liebevolle Gesicht von Jesus an. Sein Ausdruck war voller Erbarmen.)

Sei glücklich! Freue dich, denn Ich bin dicht bei dir. Fühle dich glücklich, denn Ich bin dir nahe. Ich, Jesus Christus, werde immer bei dir sein. Freue dich! Ich habe dir diese Gabe gegeben, um Mich zu erreichen und mit Mir auf diese Weise zu sprechen, und glaube Mir, Tochter, wenn Ich dir sage, daß so wenige deine Gabe besitzen, obwohl jene, die sich diese deine Gabe wünschen würden, zahllos sind. So freue dich! Sei glücklich!

2.12.1986

Friede sei mit dir! Ich, Jahwe, bin dicht bei dir. Ich bin dir immerzu nahe. Ich beobachte und stöhne über die Unfruchtbarkeit und Trockenheit in den Menschen. (Hier hätte ich gerade gerne gewußt, wann Gott Seine Botschaften zeigen wird.) ***Komm und stütze dich auf Mich, die Zeit ist noch nicht gekommen, in der Zwischenzeit sei wachsam, und bleibe auf der Hut!***

Wie wurde diese Gabe mir gegeben, entschiedest Du Dich, mein Herr, ganz plötzlich?

Lasse Mich deine Frage beantworten: Ich habe dir die Gabe gegeben, um Mich auf diese Weise zu jeder Zeit und überall zu erreichen. Ich bin es, der dich rief. Ich, Gott, kannte dich, lange bevor du geboren warst oder in deiner Mutter Schoß gebildet wurdest. Ich kannte dich, und du bist Mein, Geliebte. Ich erwählte dich, um Meine Trägerin zu werden, du sollst Meine Botschaften überbringen. Ich wählte dich, weil Ich es wollte. Ich beobachtete dich, während du heranwuch-

sest, du aber, du schienest von Meiner Gegenwart nichts zu merken, du schienest Mich vergessen zu haben. Während Ich dich davonwandern sah, rief Ich dich, denn die Zeit war gekommen. Ich freute Mich, daß du, obwohl du Mich scheinbar vergessen hattest, Meine Stimme vernahmst. Ich wollte, daß du Mich liebst. Ich wollte, daß du verstehst, wie sehr Ich dich liebe. Lerne, daß Ich, Gott, immer Meine Ziele erreiche. Als Ich dir erstmals erschienen bin, hielt Ich dich so, daß du dein Haupt erhobst und den Einen anschautest, der vor dir war. Als du dein Haupt erhobst, schaute Ich in deine Augen und sah, wie ungeliebt du dich fühltest. (Ich hielt es nie für möglich, daß Gott jemanden wie mich lieben könnte, die ich nie betete oder ihre Religion ausübte. Ich dachte immer, Er liebe jene, die Ihn lieben.)

Ich, Gott, war voller Erbarmen für dich, als Ich dich so elend sah. Tochter, Ich hob dich empor zu Mir und heilte deine Schuld. Ich wollte, daß du Mich erkennst, denn Ich bin dein Erlöser, der dich liebt. Ich heilte dich und segnete dich. Ich breitete Meinen Mantel aus und fragte dich, ob du willens seist, ihn mit Mir zu teilen. Ich fragte dich, ob du Mir folgen wollest, und du antwortetest, daß du Mich brauchst und du bei Mir sein wollest. Ich, Jahwe, freute Mich, dich sagen zu hören, daß du Mir folgen wollest. Ich lehrte dich dann, wie Ich zu lieben sei. Ich lehrte dich, wie man mit Mir sein kann und wie Ich zu erreichen bin. Ich überschüttete dich mit Meinen Segnungen, und Ich ließ dich in Meinem Licht leben. Dann ergoß Ich über dich alle Meine Werke, so daß du Mich verherrlichen kannst. Ich, Gott, habe dich gefragt, ob du willens seist, für Mich zu arbeiten, und du hast Mich mit Glück erfüllt zu wissen, daß du bereit warst. Geschichte wiederhole sich, sagst du.

Ja, mein Herr. Alle jene, die Deine Rufe empfingen, wurden abgelehnt, verlacht und für verrückt erklärt. In unserer modernen Gesellschaft werde ich so manchen Tadel empfangen. Einige werden so weit gehen, mich für besessen zu erklären.

Laß sie nur kommen, jene, die über dich lachen wollen. Sie haben kaum eine Ahnung, wie schwer die Anklagen gegen sie sein werden, denn sie lachen über die von Mir gegebenen Worte. Ich werde Mich später mit diesen befassen. Glaube an

Mich! Ich werde dich wieder rufen, um dir Lehren in dein Ohr zu flüstern. Ich werde deinen Mund mit Meinen Worten anfüllen. Ich, Jahwe, bin deine Stärke. Ich werde dir die genügende Stärke verleihen, um über deine Unterdrücker, die viele sein werden, hinwegsehen zu können, Mein Kind. (Beim Aussprechen dieser Worte wurde Gottes Stimme plötzlich sehr traurig. Es klang, als sende ein Vater seinen Sohn in den Krieg.) ***Doch werde Ich dich mit Meinem Schutzschild bedecken, niemand wird fähig sein, dir zu schaden. Laß jene, die Ohren haben, Mich hören. Laß jene, die Augen haben, Mich sehen und Mich erkennen. Lasse jene, die ihr Herz nicht verschlossen haben, verstehen, daß Ich, Jahwe, Meine rettende Hilfe allen Nationen anbiete. Bleibe Mir nahe, Tochter! Ich, Gott, liebe dich.***

3.12.1986

Friede sei mit dir! Ich bin Jahwe Zebaot, Schöpfer von allen und allem. Ich bin es, der dich gerufen hat. (Wieder wunderte ich mich, daß Gott zu mir sprechen konnte, wie Er zu Seinen alten Propheten einst sprach.)

Ja, auch in deiner Generation kann Ich rufen und Mich offenbaren. Ich bin derselbe. Gesegnet sei die Linie deiner Nachkommen. Verlasse Mich nie! Ich werde dich mit Weisheit unterweisen. Vergiß nicht, was Ich dich schon gelehrt habe. Ich bin mit deiner Arbeit zufrieden. Ich werde dich den ganzen Weg zu Mir führen. Bleibe Mir nahe, denn Ich habe einen Ort für dich ausgewählt.

Herr, wo ist dieser Ort? (Ich dachte hier an ein anderes Land.)

Ich werde dich in der Mitte Meines Herzens leben lassen. Tochter, Mich anerkennen heißt, Mein Wort lieben. Vergiß nicht, Mein Wort ist lebendig, wie Ich lebendig bin.

6.12.1986

Friede sei mit dir, Tochter, schaue Meine Gegenwart. Ich bin dein himmlischer Vater. Sei bei Mir! Verzweifle nicht, du bist

immer noch am Anfang Meines Unterrichts, und Ich werde dich weiterentwickeln. Habe Glauben und lasse dich nicht durch Menschen entmutigen, jetzt, wo du wach bist, denn die meisten von ihnen sind noch in tiefem Schlaf. Vertraue Mir, und stütze dich auf Mich, Ich bin deine Stärke. Ich bin betrübt zu sehen, wie die Herzen Meiner Kinder Mir gegenüber verschlossen sind, und sie Meine Werke nicht mehr begreifen ... Als Ich bei den Hebräern war, rief Ich sie, und sie bewahrten Meine Rufe, alles wurde niedergeschrieben. Ich war es, der euch beibringen wollte, daß Ich bin durch Mein Wort, Ich lehrte euch, Ich bin es, der euch rief, Ich bin es, der immer noch ruft. Für Mich sind tausend Jahre ein einziger Tag. (Dann schaute mich Gott an und machte mir irgendwie Vorwürfe für meine Einstellung. Ich hatte manchmal geklagt, daß ich hinsitzen und schreiben mußte, wenn ich gerufen wurde.)

Lamentiere nicht darüber, Mein Wort aufnehmen zu müssen. Ich liebe dich, und Ich bin Mir völlig deiner Ängste bewußt ... denke daran: Ich bin es, der dich ausgesucht hat. Ich bin es, der dich führt, Ich bin es, der dich ausgewählt hat. Bevor du geboren wurdest, kannte Ich dich und segnete dich, Tochter.

Ich werde verlacht werden wie alle jene, die Rufe von Dir erhielten. Es ist mir nunmehr ganz klar, daß mich die Menschen verspotten werden. Die Leute werden mir nicht glauben. Ich werde zur Zielscheibe des Spottes in unserer Zeit!

Ja, viele wurden vor dir ausgelacht, denn so sind die Menschenherzen. Sie sind grob und hart. Höre auf Mich! Ich, Gott, bin ein lebendiger Gott, und Ich habe noch nie jemandem befohlen, gottlos zu sein. Ich gab den Menschen ein Herz, um damit zu denken. Um deine Aufmerksamkeit zu erregen, hatte Ich dir Meinen Diener Daniel gesandt, um dich zu Mir zu bringen. Ich hatte ihm Meine Aufträge erteilt. Ich bin es, der dir Meine Werke zeigen will. Fürchte dich nicht, Ich komme mit Frieden, denn es ist Friede, was Ich von euch will. Ich möchte, daß ihr heilig lebt.

Aber mein Gott, Du hast mich gewählt?

Ich weiß, was Ich wähle. Ich bin es, Jahwe Zebaot, der spricht. Wandle mit Mir, und wenn die Zeit reif ist, werde Ich

dich zu Mir nehmen. Gehe jetzt in Frieden, Ich bin immer neben dir.

10.12.1986

Tochter, sei Mir nahe! Ich bin Gott der Allmächtige. Verherrliche Mich durch das Erwecken Meiner Kinder. Sage ihnen, sie sollen Mein Wort lesen, sage ihnen, sie sollen Meinen Ruf an dich und an sie lesen.

Ach ... Ich möchte Dir wohl gehorchen, aber ich zittere bis in die Knochen vor ihrer Reaktion. Sie könnten in Schrecken versetzt werden.

Sie zu alarmieren, meinst du. Sprich mit ihnen, und fürchte dich vor niemandem.

Mein Herr, ich weiß nicht, wie ich mit alledem umgehen soll. Ich weiß noch nicht einmal, wie ich sprechen soll. Ich habe so etwas noch nie zuvor gemacht. Kannst Du mir nicht Deine Worte in mein Herz und meinen Mund legen?

Das werde Ich.

Es ist ja nicht so, Herr, daß ich nicht möchte, aber ich weiß einfach nicht zu sprechen.

Ich weiß. Verlaß dich völlig auf Mich! Ich werde die rechten Worte auf deine Lippen legen, und Ich werde dein Herz mit Meinen eigenen Worten erfüllen. Ich bin Mir deiner Fähigkeit völlig bewußt. Mut, Tochter!

14.12.1986

Ich möchte Dir gern folgen und genau das sein, was du willst, was immer es sei, denn ich liebe Dich, Herr. So werde ich mich an Dein Gewand anklammern, und wenn meine Füße nicht vorangehen wollen, dann ziehe mich. Ich mag Augenblicke der Schwäche haben, doch wirklich möchte ich, daß Du mich da hinbringst, wo Du mich haben willst, daß ich hingehe. Ich sage dir das jetzt alles, da ich mich recht gut und stark fühle. Übersieh meine Schwäche in Dei-

nem Erbarmen. Ich bitte dich jetzt darum, o Herr. Das ist mein Abkommen mit Dir, Jesus Christus.

Ich hörte dich, Kind, Ich, Jesus, hörte dich, Geliebte. (Jesus war gerührt.) ***Lebe in Frieden! Du brauchst dich nicht sorgen, da Ich ja dein Lehrer bin. Von Mir wirst du alles lernen. Sieh, der Morgenstern ist bald schon zu sehen. Frohlocke! Ich bin bald schon bei euch allen. Gesegnet sind, die reinen Herzens sind, denn sie werden Gott sehen.***

Geschieht dies tatsächlich? Geschieht es alles wirklich so, daß jedesmal, wenn Du sprichst, ich Dich höre? Zwar wurde mir Dein Name genannt, aber ist es auch wirkliches Geschehen?

Es ist. (Jesus schien amüsiert.) ***Ich bin hier.***

Bist Du es wirklich?

Ich bin es. Ich, Jesus, bin hier.

O Herr, bitte öffne ihre Herzen, damit sie Dich empfangen mögen.

Ich redete von der Zeit, da Gott mich hinaus zu den Völkern mit Seiner Botschaft senden wird. (Das kam aus meinem Mund mehr als Klage denn als ein Gebet heraus.)

Sind sie bereit, Mich zu empfangen?

Ich weiß nicht, doch sicherlich kannst Du ihnen helfen, bereit zu sein und zu verstehen.

Ich werde ihnen helfen, warte, und du wirst sehen. Sei wachsam, Vassula, denn Ich bin bald bei euch. Ich liebe dich.

15.12.1986

Friede sei mit dir! Ich, Jesus, bin bei dir. Prüfe und nimm wahr, wer bei Mir ist.

(Ich sah mit den Augen meiner Seele Seine Mutter.)

Deine Mutter! St. Maria?

Auch deine Mutter, Kind! Höre auf sie!

Die heilige Mutter Maria sprach. Dies war das erste Mal.

Maria: Tochter, ich liebe dich. Ich bin dir auch nahe. Mut! Bleibe bei Uns und arbeite mit Uns.

Ja, das möchte ich. (Ich erinnerte mich plötzlich an einen alten Traum, in dem ich die heilige Maria sah. Ich hatte damals, ungefähr zehnjährig, geträumt, daß ich heirate, und ich mich mit niemand anderem als Jesus verheirate. Ich sah Ihn nicht, aber Er, der unsichtbare Gott, war da. Ich glaubte, daß ich mit Ihm zwischen vielen Leuten (den geladenen Gästen) umherginge, die, um uns vorbeigehen zu lassen, einen Durchgang freigaben, während sie uns mit Palmwedeln in den Händen zujubelten. Dann sah ich eine geöffnete Tür. Als ich in jenen Raum eintrat, begegnete ich der heiligen Maria. Sie trat vor und umarmte mich. Sie war sehr glücklich, und um sie waren andere heilige Frauen. Dann plötzlich fing sie an, mein Haar zu befestigen, auch mein Kleid, und sie war sehr darauf bedacht, daß ich für ihren Sohn makellos und schön aussehen würde.)

Dann sprach Jesus:

Erinnerst du dich? Ich gab dir jenen Traum ein, als du elf Jahre alt warst. Ich, Gott, hatte dich erwählt. Ich hielt deine Erinnerung an jenen Traum wach, damit du dich heute daran erinnern würdest.

Was hatte er zu bedeuten?

Er bedeutet, daß du erwählt würdest, für Mich zu arbeiten. Ich, Gott, erreiche Meine Ziele immer. Ich wollte, daß du Mich liebst. Ich werde dich segnen, für den Frieden zu arbeiten. Ich werde dich lehren, heilig zu sein und heilig zu leben, denn Ich bin heilig. Und wer für Mich arbeitet, muß heilig sein. Mut, Tochter! Erinnere dich, Ich, Gott, bin immer dicht bei dir, und Ich liebe dich.

18.12.1986

Friede sei mit dir, Tochter! Sei fruchtbar!

Ach Herr, bitte lehre es mich zu sein!

Ich werde dir helfen. In Meiner Nähe wirst du es lernen. Jeden Schritt, den du tust, segne Ich, Gott. Gehe und sammle

Meine Kinder und lasse sie teilhaben (durch Lesen Seiner Botschaften) ***an deinem Glück, lasse Meine Kinder frohlocken, lasse sie so glücklich sein, wie du es bist. Sei fruchtbar!***

27.12.1986

Friede sei mit dir! Ich, Jesus Christus, bin da. Bleibe in Mir und gib Mir deine Hand. Ich werde dich leiten, mit deiner Hand in der Meinen. Du wirst mit Mir wandeln. Dein Schritt wird mit Meinem Schritt Schritt halten. Du wirst lernen, bei Mir zu sein, wie du gelernt hast, Mich zu lieben und Mich zu erkennen. Du wirst lernen, vielen zu helfen. So halte dich fest an Mich und sei wachsam! (Ich hätte gern gewußt, wann das alles geschehen würde.) ***Ich werde dich zur rechten Zeit begreifen lassen. Bete mit Mir und sei gesegnet. Ich, Gott, liebe dich. Gesegnet sind jene, die Mich nicht gesehen haben und doch an Mich glauben, sie werden alles erben, was Ich besitze.***

28.12.1986

Friede sei mit dir! Ich möchte, daß du bedenkst, daß du mit Mir wandeln wirst. Ich möchte, daß du bedenkst, daß Ich, Gott, dich liebe. Erinnere dich immer dieser Worte. Sei gesegnet und frohlocke, Tochter, hast du nicht verstanden?

Diese Worte schrie Gott laut mit einem Ton von Vergnügen. (Ich hatte nicht reagiert). All das schien mir noch über mein menschliches Verständnis hinauszugehen!

Warum? Ich möchte, daß du erkennst, daß Ich dich gesegnet habe und du in Meinem göttlichen Licht bleiben sollst, indem du in Mir bist. Liebe Mich mit all deiner Stärke, denn Ich, Jahwe, habe dich zu Gesicht bekommen. Begegne Mir, wann immer du willst.

29.12.1986

Tochter, schau Mich an! (Ich war etwas deprimiert. Ich fühle mich eingesperrt in meinen Knochen. Irgendwie fällt es mir zu schwer zu glauben, daß es ein tatsächliches Geschehen ist. Es ist wie ein Traum.) ***Weshalb fällt es dir schwer zu glauben, daß Ich es bin?***

(Ich verhielt mich still und senkte meine Augen, beinahe grübelnd, fast wie ein ertapptes Kind.)

Ich, Jahwe, fragte dich dies.

Wirf nur einen Blick auf mich, und Du wirst verstehen warum, mein Herr. Ich bin hilflos und elend. Deine großmütige Gabe an mich übersteigt mein Verständnis. Du vertraust mir so viele Dinge an, doch ich bin ratlos, sprachlos und brauche Deine Hilfe. (In Bangladesh hatte ich keinen Priesterfreund, der mir half oder mich beriet. Ein paar Freunde nahmen Anteil, waren aber unwissend in diesen Dingen, genauso wie ich auch.)

Bete zu Mir! Flehe Mich an, und du wirst Meine Hilfe erhalten. Lebe in Mir, Ich bin dein Gott. Eines Tages – und dieser Tag ist nahe – wirst du gänzlich verstehen, was dir als Arbeit aufgetragen worden ist. Jetzt bist Du noch am Anfang Meines Rufs, und Ich habe dich gerufen, damit du für Mich arbeitest. Erinnere dich, daß Ich, Gott, dein Lehrer bin, und Ich bin in der Lage, Meine Ziele zu erreichen. Nimm Meine Rufe und Meine Besuche bei dir an, bis Ich komme, um dich zu befreien. Nimm Meine Adoption an und lebe in Frieden, denn Ich liebe dich. Fühle dich frei (frei, um mit Gott als einem Vater vertraut zu reden) ***mit Mir, und vertraue auf Mich!***

Glaube Mir, Tochter, wenn Ich dir sage, daß du schwach bist. Ich kann diese Schwäche benützen, um Meine Kraft und Meine Autorität zu zeigen. Ich erfreue Mich an dir ... Ich, Jahwe Zebaot, will dir und anderen helfen, durch diese Rufe heilig zu leben. Du wächst nun in Meinen Höfen, sei glücklich! Ich sage dir, Meine Botschaften werden alle von euch an eure ersten Grundlagen erinnern, daran, daß Mein Wort lebendig ist. Sie werden euch wiederbeleben. Sie sind heilig, wie Ich heilig bin. Tochter, späterhin wirst du Meine rettende Hilfe vollauf verstehen. Du wirst nicht zermalmt werden. Setze deine Hoffnung immer auf Mich! Lasse dich nicht von der Feindseligkeit der Menschen entmutigen. Du bist in Meinem Herzen, sei also nicht vom Fleische eingeschüchtert und erschreckt (das heißt durch Sterbliche).

30.12.1986

Herr, bist Du derselbe Eine, der Moses berief?

Ich bin derselbe Gott. Zeitalter, o Zeitalter, wie wenig bist du dir klar darüber, daß Ich, Gott, über jedem getreuen Herzen strahle. Ich werde immer Wege finden, euch zu rufen: „eno o cosmos ekhi afissi to Foss, Egho, o Megas Theos tha vro messon na ertho ke na sas fotisso“ (Griechisch: Obwohl die Welt das Licht verlassen hat, finde Ich, der allmächtige Gott, Mittel, um über euch zu scheinen).

31.12.1986 / 1.1.1987 (Kurz nach Mitternacht)

Ich, Gott, liebe euch alle. Vergrößere deine Liebe zu Mir!

1.1.1987

Friede sei mit dir! Ich, Gott, bin hier. Bringe Mir jetzt deine Liebe dar und lasse Mich frohlocken. Ich, Jahwe,habe Freude an dir.

Herr, hast Du immer jemanden aufgelesen, um Dein Botschafter zu sein (so wie im Alten Testament)*? Wirst Du immer zu uns sprechen?*

Hier ist Meine Antwort: Ich, Jahwe Zebaot, werde euch immer finden. Um Meinetwillen und nur Meinetwillen habe Ich gewirkt und werde Ich wirken. Soll Ich Mich für immer grämen? Diese Art, dich zu finden, ist einer Meiner Wege.

Wir sind im Jahr 1987! Etliche werden es nicht annehmen. Wir haben die heilige Bibel zum Lesen, werden sie sagen.

Diese kirchlichen Botschaften sind eine Erinnerung. Denn in Meinem Herzen war ein Tag des Erbarmens. Die Stunde Meiner rettenden Hilfe ist da. Bin Ich schließlich nicht Vater? Bin Ich nicht die Rettung Meiner Saaten? Ich habe Meine Augen auf einen jeden von euch gerichtet. Mein Blick läßt niemals etwas ungesehen vorbeigehen. Ich möchte euch erinnern, daß Mein Wort dazu bestimmt ist, gelesen zu werden. Mein Wort ist gesegnet. Ich bin der allmächtige Gott

und habe die Freiheit hervorzutreten, wann immer es Mir gefällt. Warum glaubtest du, Tochter, daß Ich irgendeinen Unterschied machen werde, nur weil du dich im Jahr 1987 befindest? In deinem Zeitalter liegt kein Unterschied für Mich. Höre, für Mich sind tausend Jahre wie gestern. Meine Tür wird immer offenbleiben ... Erwäge, Tochter, daß Ich nach Meinem Belieben wiederum rufe. Warum glaubtest du, du seist anders? Oder daß Ich nie zuvor wirklich gesprochen hätte, wie Ich es jetzt tue? Ich, Jahwe, segnete euch alle. Ich habe Meine Augen auf eure Armseligkeit gerichtet.

Jesus sagte uns schon, daß ein Prophet nichts gilt in seinem Vaterland. Viele werden mich nicht als Deine Überbringerin akzeptieren. Die meisten Deiner Boten wurden als Narren behandelt, oder man nannte sie verrückt, besessen; sie wurden ermordet.

Lebe in Frieden, Tochter, stütze dich auf Mich! Ich, Gott, werde deine Stärke sein. Bei Mir brauchst du keine Angst zu haben. Ich werde dir helfen. Liebe Mich immer so, wie du es tust. Mein Geist wird euch wieder zusammenbringen. Ich liebe dich, Tochter, habe Meinen Segen.

2.1.1987

Ich bin hier. Gesegnet sind die Geringen, denn ihrer ist das Königreich des Himmels. Ich liebe dich, Tochter, warte und du wirst sehen, eines Tages wirst du in Meinem ewigen Licht bleiben.

5.1.1987

Friede sei mit dir, Tochter, du bist Mein eigen. Verherrliche Mich und sei eine Zierde Meines Namens. Mache Mich all jenen bekannt, die Mich noch nicht kennen ... Fühle dich glücklich, denn Ich liebe dich. Da du jetzt für Mich arbeitest, Vassula, segne Meine Kinder! Wirst du sie segnen, Meine Kinder? Tue es! Ich bitte dich, Tochter.

Wie soll ich das machen, Herr?

Segne sie!

Geschieht das in meinen Gebeten?

Ja, du kannst es in deinen Gebeten erbitten ... Tue es, tue es!

(Ich zögerte. Ich hatte das nie vorher getan und versuchte es also nun.) Ich betete zu Gott und bat Ihn, alle jene, die ich kannte, zu segnen, unter Namensnennung.

Gut, so wird es gemacht. Ich, Gott, segne alle jene, die du erwähnt hast. Ich, Jahwe, liebe dich.

6. 1. 1987

Wie eine Wolke sich auflöst und dann weg ist, so verflüchtigt sich auch die harte Schale, die mein Herz umgibt. Was geschieht mit mir, Herr? Warum erwähltest du mich als deine Zielscheibe – jetzt, da mein Herz offen daliegt und so empfindsam geworden ist? Ich kann sehen! Ich war einst blind, doch jetzt kann ich all die Geplagten sehen, ich kann das Elend um mich herum sehen. O Gott!

Friede sei mit dir! Tochter, Ich freue Mich, die Gefühle deines Herzens mitzufühlen. Ich werde dir arbeiten helfen, jede Pflicht zu erfüllen. Ich habe dein Herz enthüllt und es reingewaschen. Gehe hin in Frieden! Ich, Jahwe Zebaot, bin dir zur Seite und liebe dich.

7. 1. 1987

Friede sei mit dir! Ich, Jesus, bin hier, Vassula. Ich werde dich begreifen lassen, wie sehr Ich leide, wenn Ich so viele Seelen verlorengehen sehe. Ich leide und weine ...

Jesus, ich wünschte, das Böse würde aufhören zu existieren! Ich wünsche, Du würdest Dich glücklicher fühlen.

Du wünschst auch, daß das Böse aufhören möge?

Ja.

Geliebte, gehe und wecke Meine Kinder auf. Lasse sie verstehen, daß das Böse ihnen Fallen stellt, sie einfängt.

(Ich erkannte, daß der Herr mich bat zu gehen und Zeugnis abzulegen.) *Hilf mir, denn ich weiß so sehr wenig!*

Ich werde es tun, Tochter. Erfüllt, wirst du viele sein!

Obwohl dieser Satz zunächst recht rätselhaft klingt, gab der Herr mir doch das Licht ein, um seine Bedeutung zu erfassen. Er besagt: „Wenn Ich deine Seele mit Meinem Geist und Meiner Weisheit erfüllen werde, wirst du hinausgehen und Zeuge sein. Indem du Zeugnis ablegst, werden sich viele bekehren, und diese Bekehrten werden andere bekehren."

10.1.1987

Friede sei mit dir! Bist du bereit, Mich zu hören? Ich bin Jahwe, sorge dich nicht, Ich werde dich führen. Du wirst Mich nicht verlassen, denn Ich werde dir den Weg zeigen. Ich werde Meine Worte auf deine Lippen legen. Hast du es nicht bemerkt?

Doch! Ich habe mich manchmal ertappt, wie ich dieselbe Satzbauweise,wie Du sie mir gegeben hast, benütze, wenn ich mit meinen Freunden rede und auf das antworte, was sie gesagt haben.

Ich habe dir gesagt, daß Ich deine Sprache bereichern möchte, deine Sprache wird Meine Sprache sein.

Ich habe auch neue Worte dazugelernt.

Ja, du lernst ... du wirst von Meinem Mund vorankommen. Tochter, du scheinst noch nicht vollauf gemerkt zu haben, was Ich dir an Arbeit gebe ...

Nein. Nein, das nicht. Ich fürchte mich, es zu realisieren.

Ich bin froh, daß du aufrichtig Mir gegenüber bist. Du scheinst jedoch zu vergessen, daß der Eine, der mit dir ist, der allmächtige Gott ist. Ich bin der Allmächtige, und Ich halte die Schlüssel der Weisheit in Händen. Ich habe in Meiner Handfläche das ganze Universum. Lerne, daß Ich Himmel und Erde verändern kann (Gott sprach vom neuen Himmel und der neuen Erde in der Apokalypse. (Offb 21, 1) – Diese Anmerkung wurde nachträglich angefügt).

Das Problem für mich ist, volles Vertrauen zu haben. Ich bin schwach, hilflos, und, wie Du sagst, nichts. Ich kann nur sehen, was ich alles nicht bin.

Verlasse dich auf Mich, Tochter! Hast du Meine Werke vergessen? Keiner kann sich Mir gegenüberstellen. Komm und erzähle von Meinen Wundertaten, komm und meditiere in deinem Herzen über Meine Wunder ...

Es steht mir nicht zu, mein Herr, Dich das zu fragen, doch weil Du unsere Herzen durch und durch kennst und kein Geheimnis vor Dir verborgen bleiben kann, frage ich wiederum: „Warum gerade ich? Ein Nichts. Unwissend in Sachen Religion. Unwissend über Deine Werke. Total machtlos und ein Niemand. Warum, warum hast Du gerade mich aufgelesen?"

Vassula, Ich habe dich erwählt, Meine Stimme zu hören, so daß Ich Meine Gnade und Güte allen zeigen kann. Ich wollte dich aus der Nichtigkeit erheben, um allem Fleisch (d.h. der Menschheit) ***Mein persönliches Werk zu zeigen. Obwohl viele sich feindlich gegen dich stellen werden, wirst du nicht verletzt. Falsche Zeugen werden sich gegen dich erheben, doch während ihre Herzen Bosheit und Arglist aufrollen, will Ich Meine Segnungen über dich gießen. Ich werde nicht taub sein für dein Schreien, Mein Kind. Ich habe dir gepredigt, damit du Mein Haus verherrlichst. Ich habe dich gefragt, ob du für Mich arbeiten willst, oder etwa nicht?***

Ja, du tatest es, und ich habe mein Ja gesagt.

Ich habe dich Meine Trägerin genannt, Ich wünsche, daß alle Völker Meine Worte hören. Ich will dich anweisen und dir den Weg sagen, den du gehen sollst. Du sollst hinausgehen und ihnen sagen, daß Mein Wort nach Frieden und Liebe schreit, Mein Wort ist göttlich. Ich verlange danach, euch alle zu vergöttlichen!

Ich befürchte, daß viele das, was du mir gibst, nur verwerfen und mit Verachtung von sich weisen werden.

Vertraue auf Mich, denn Ich bin dein Gott, Ich will über dir wachen, und Ich werde in Meinen Interessen dein Berater sein. Vassula, Mein Wort (Gott meint Seine Botschaft) ***wird hoch wie die Zedern emporwachsen. Seine Zweige werden***

sich wie ausgestreckte Arme ausbreiten und viele Nationen erreichen, die Armen nähren, eure Wunden und eure Kranken heilen, eure Art reinigen und eure Erbärmlichkeit heilen, euch trösten, emporheben an Meine Brust, euch lieben und wiederum einander lieben zu lehren, und wie Ich geliebt werden soll. Meine Arme wollen euch vom Bösen befreien, denn Ihr seid alle die Meinen, Geliebte. Schau, schau über dich, schau auf Meine Schöpfung! Die ganze Schöpfung gehorcht Meinem Willen. (Plötzlich schaute Gott mich an und hielt inne. Ich kam mir wie Luft vor. So machtvoll war Sein Blick, daß ich ihn durch und durch gehen fühlte.) ***Kleine, wie Ich durch dich hindurchsehe!*** (Gott schien belustigt und erfreut.) ***Fürchte dich nicht, halte dich an Mir fest! Siehst du diese glänzende Dekoration Meine Schöpfung erleuchten? Das ist nur eines Meiner vielen Mysterien, viele von ihnen bleiben verborgen.***

Tochter Meiner Wahl, Ich werde dir die Schätze Meines Herzens offenbaren, und du wirst aus der Weisheit heraus gedeihen. Kleine, Ich habe Gefallen an dir, komm, wir wollen lernen (Tatsächlich kam ich mir wie eine Schülerin vor aufgrund dieser lehrerhaften Art und dem Klang Seiner Stimme.)***: Du wirst in der Lage sein, trotz der Angriffe Satans, alles zu schreiben, was Ich möchte, denn das ist Mein Wille. Lerne, Mich zu preisen, erinnere dich daran, wer Ich bin. Die Weisheit ist dir von Mir gegeben. Lerne, daß die Weisheit deinen Glauben mehrt. Ich möchte, daß du vollkommen in Meinem Geiste wächst. Werde groß wie die Zedern und die Zypresse, denn Ich werde viele Offenbarungen in dich einhauchen. Höre, jeder deiner Zweige wird blühen und Früchte des Friedens und der Liebe tragen. Ich habe vor, deine Vorratskammern mit Meinen Produkten zu füllen. Ich habe deine Bitten gehört, und so bin Ich willens, euch allen Freude zu machen.***

Jetzt sende Ich dich zu ihnen, um unter ihnen als Meine Gabe zu sein. Ich werde dich der ganzen Menschheit geben. Ich werde Gelehrsamkeit und Einsicht auf dich niederregnen lassen. Ich werde dich mit Meiner Botschaft zu jeder Nation senden: „Nehmt sie an, denn sie ist von Mir. Mögen alle Nationen Nutzen von ihr haben, denn sie wird Meinen Leuten Brot vom Himmel bieten und sie sättigen. Sie wird sie mit Meinem Wissen erfüllen“. Meine Leute werden sich auf

Mich stützen, um Trost und Hilfe zu finden, und sie werden Mich preisen. Oh, alle von euch, die ihr in der Lage seid, Mich durch Meine Lehren zu erkennen, werden im Herzen Glück erlangen. Viele werden sie verfolgen und jagen wie ein Jäger seine Beute, doch werde Ich zu ihrer Rettung kommen. Andere werden zuhören und ihre Zeit in Meinen Heiligtümern verbringen.

Gesegnet sind jene, die sich mit ihr zusammentun. Ich, Gott, werde unter euch sein, und ihr werdet dieses Zeichen auf ihr sehen, denn sie wird in Meinem Haus wachsen. Siehe, der Morgenstern (Jesu Wiederkehr) *wird bald zu sehen sein. Vom Himmel rufe Ich euch, um euch zu erinnern, daß das Erbe euer ist, und auch ihr werdet Mich erkennen. Heute sende Ich euch eine von den Meinen, während ihr ihr mithelft anzubauen, gibt es ein Weilchen mühselige Arbeit, aber dann werdet ihr von Meiner Ernte essen. Wenn ihr sie verlaßt, verliert ihr sie, wenn ihr sie plagt, werde Ich ihr Stärke verleihen, euch zu besiegen. Wie streng und schroff wird sie zu den Undisziplinierten sein! Ich verleihe ihr die Stärke, Mich jederzeit nach ihrem Wunsch zu rufen. Einst besaßt ihr sie. Ihr werdet von Mir lernen. Heute gieße Ich alle Meine Weisheit über euch aus, um die gegenwärtig so dunkle Welt zu erleuchten. Ich, Gott, komme, um wie nie zuvor über euch allen Mein Antlitz zu offenbaren, um euch so zu befähigen, Mich mehr zu begreifen.*

Ach, wie Ich Mich nach jeder Seele sehne, damit sie Mich empfange, denn wenn sie Mich annimmt, wird sie Frieden erlangen. Doch noch hat das Böse sie in der Gewalt und lehrt sie, böse zu sein und den Wegen des Bösen zu folgen. Das Böse hat sie verblendet und sie mit allerhand Waffen versehen und stachelt sie an, so zu werden wie es selbst. Ich habe Angst um sie, weil sie in Gefahr sind und Ich sie liebe. Ich habe ihnen Zeichen Meiner göttlichen Liebe gegeben. Ich bin bei ihnen, wenn sie in Not sind, Ich bedecke ihre Blöße immer mit Meinem Erbarmen, und Meine Hand ist ausgestreckt, um sie zu erreichen, doch scheinen sie Mich nie zu sehen. Ich rufe sie auf, Mich als Vater anzuerkennen, aber sie scheinen Mich überhaupt nie zu sehen. Sie scheinen Mich auch nicht zu hören. Die Barmherzigkeit beugt sich über sie,

gibt ihnen Zeichen, doch sie erkennen sie nicht. Jetzt sende Ich dich zu ihnen als Meine Gabe. Sammle sie zusammen, um den Feind zu vernichten, der euch getrennt hält. Ich verleihe dir die Sprache, um zu Meinen Leuten sprechen zu können und sie zu Mir zurückzuführen. Lasse ihren Gaumen den Wohlgeschmack Meines Manna wahrnehmen. Geliebte, du kommst von Mir, und Ich werde weiter Meine Weisheit über dir ausgießen, so daß du Mich verherrlichen kannst.

Allmächtiger Gott, Vater von allen, werde ich Dich am Ende verherrlichen?

Ich werde verherrlicht werden, Tochter. Ich, Gott, erreiche immer Meine Ziele. Denke immer daran. Dein Schritt wird Meinem Schritt für immer nachfolgen.

19.1.1987

Ich bin hier. Ich bin der Herr Jesus Christus. Erlaube Mir, dich mit Meinen Belehrungen zu nähren, Kleine. Erlaube Mir, dich mit Weisheit zu versorgen. Kleine, du mußt wachsen, um gute Früchte zu tragen. Du mußt ertragreich werden, um fähig zu sein, viele zu speisen. Ich werde dich lehren, beständig und rege bei der Arbeit zu sein, die Ich dir geben werde. Ich werde deine Augen auf Mich gerichtet sehen, bis du Meine Arbeit beendest. Ich habe dir erlaubt, Meine Höfe zu betreten und deinem König zur Verfügung zu stehen. Er wird dich alles lehren, und deine Zweige werden sich in jeder Nation ausbreiten, um ihnen den verborgenen Sinn Meiner Sprüche zu verkünden, und unter diesen Zweigen werden Meine Kinder lagern und sich schützen. Erhebe dich und verherrliche Mich! Ich werde dich stark werden lassen. Ich, Jesus, werde dich unterweisen, dir Instruktionen geben, umfangreicher als die Meere, und Ich werde Lehren über dich wie Prophezeiung ausgießen. Lerne und nimm dein volles Maß von der Weisheit. O kommt ihr alle, die da hungern und dürsten, kommt, denn Mein Brot ist umsonst, kommt und eßt nach Herzenslust, kommt und füllt eure Schalen! Befriedigt eure Gaumen mit Meinem Brot vom Himmel, Brot der Belehrung und des Verständnisses. O

Tochter, wie sehne Ich Mich nach diesem Tag, dem Tag, da du herangewachsen bist und deine Zweige die Früchte des Friedens und der Liebe tragen, ja, nach dem Tag Meiner Glorie. Ich, der Herr, liebe Meine Kinder unaufhörlich. Sage ihnen, sage ihnen, wie Ich für sie empfinde, laß sie von Meiner Liebe wissen! (Ich kann die Liebe, die Gott für uns hat, nicht in Worte fassen. Während Gott diese Worte sagte, fühlte er sich zugleich traurig, sehr traurig. Es machte mich traurig, daß so viel Liebe von uns in den Wind geschlagen wird.)

Ich werde es ihnen sagen, Herr, ich werde ....

Bleibe Mir nahe, Vassula, denn Ich weiß, wie du Mich liebst. (Ich spürte, daß Er so viel Trost nötig hat.) ***Lehre sie, wie sie Mich lieben können. Denke daran, daß du Meine Gnade hast.***

Herr, was möchtest du, daß ich tun soll?

Du wirst Meine geschriebenen Botschaften überreichen, und Ich werde dir helfen. Rufe Mich, wenn du willst, Ich bin dir immer nahe. Gehe jetzt in Frieden, Ich, Gott, liebe dich.

Ich liebe dich auch.

Später:

Bist du jemals von Jahwe besucht worden? Hast du eine Ahnung vom Ausmaß Seiner Gegenwart? Bist du jemals Hand in Hand mit Jahwe gewandert? Sprich mir von alledem, wenn du es hast. Gott ist in ehrfürchtige Herrlichkeit gekleidet, und Seine Gegenwart bei mir übersteigt mein Begriffsvermögen. Höchster an Macht – ich fürchte Ihn. Wohin ist Jahwe dabei, mich zu bringen? Welches sind Jahwes Absichten mit mir?

Ich kannte Dich, Herr, nur vom Hörensagen, doch nun – was soll ich sagen? Ein kleiner Einblick in Deine himmlischen Höfe ist mir gegeben worden, ein Anblick, den Menschen nicht einmal aus weiter Ferne bestaunen können. Wie sollte ich Ihn nicht fürchten? Und hier nun bete ich zu Ihm, der mich wieder zuwege brachte, damit ich weit und breit Sein Liebeslied singe und vielen Nationen bekannt mache! Jahwe eröffnet mir den Pfad, um voranzuschreiten. O Herr, wie soll ich hingehen und über Dinge reden, die ich nicht verstehen kann und deren Erkenntnis über mich hinausreicht? Wenn ich Dich anflehe, verborgen zu bleiben, würdest Du dies wohl als eine Beleidigung empfinden?

Ich bin hier. Ich habe dich gehört ... warum fürchtest du, offenbar zu werden?

Ich weiß, daß Du allmächtig bist, dennoch verstehe ich nicht, warum Jahwe sich mir im Jahre 1987 offenbart und warum, mein Herr, Du gerade mir alle diese Darstellungen gibst.

Ich möchte dich wissen lassen, wie Ich arbeite. Hast du nicht gehört, daß Ich durch Träume, Visionen und Zeichen spreche? Ich spreche zuerst in einer Art und Weise, dann in einer anderen, bis Ich gehört werde. Fürchte dich nicht! Die Weisheit hat dich aufgezogen und wird dich ausbilden. Ich brachte dich zum Leben zurück, warum fürchtest du dich also? Verstehst du, wie Ich wirke? Ich bin es, Jahwe Zebaot. Sage Mir, Kleine, wer lehrte dich, Mich so sehr zu lieben?

Du, mein Gott, durch diese Botschaft.

Ja! Ich bin es, der dich lehrte!

(Plötzlich wurde der Vorhang weggenommen, der mich von Gott getrennt hatte. Ich hatte die ganze Zeit gewußt, daß hinter diesem Vorhang Seine glorreiche Majestät auf Seinem Thron saß, doch jetzt, zu dieser Stunde, erschreckt es mich. Ich stehe vor meinem Schöpfer, für alles Fleisch ein höchst verbotenes Gebiet. Ich zitterte vor solcher Größe und Heiligkeit.)

Du fürchtest dich, weil du anfängst zu erkennen, daß Ich es bin, Jahwe. Ja, Tochter, Ich bin es, der ist und der war und der kommen soll.

Ich fürchte Dich. Ich zittere angesichts Deiner gewaltigen Macht und Kraft.

Fürchte dich nicht! Komm, nähere dich Mir! Ich liebe dich ...

Ich bin besorgt und fürchte das Ergebnis, die Folgen ...

Sorge dich nicht! Ich, Gott, bin dein Vater. Die Himmel und die ganze Schöpfung sind mit Meinen Fingern erschaffen. All dies befindet sich in Meiner hohlen Hand. Erinnere dich, daß Ich vor dir bin. Meine Freude liegt in deiner Kindlichkeit. Lerne, daß Ich in Meiner großen Liebe herabsteige, um

euch allen Meine rettende Hilfe anzubieten. Kind, sei Meine Trägerin. Fürchte dich nicht, Ich werde dir den Weg zeigen. Du erfreust Mich ... Arbeite mit Mir, indem du Meine Botschaften niederschreibst. Bleibe Mir nahe und fürchte Mich nicht! Ich werde dich an Mich binden mit Meinem freundlichen und sanften Gespräch, so daß Ich Mein Haus schütze. Das Gift breitet sich in Meinem Hause aus, doch werde Ich machen, daß Meine Feinde fallen. Ich werde dich jetzt Meine Wege lehren, und du wirst lernen, Tochter, mit Mir zu wandeln. Sei gesegnet und vergiß nicht, wie sehr Ich dich liebe.

25.1.1987

Mut, Tochter, Ich, Jesus Christus, habe dich unterrichtet, daß das Kreuz, das du trägst, Mein Kreuz des Friedens und der Liebe ist. Doch um Mein kostbares Kreuz zu tragen, Tochter, mußt du viel Selbstaufopferung vollbringen. Sei stark und trage Mein Kreuz mit Liebe. Mit Mir wirst du es teilen, und du wirst auch Meine Leiden teilen. Ich freute Mich über dein Gebet der Selbstübergabe. Indem du dich Mir übergibst, werde Ich dich zu den Höhen emporheben und dir zeigen, wie Ich wirke und arbeite. Ich werde dich formen, wenn du Mich läßt, dich umformen in eine bessere Person. Du hast Mir deine Zustimmung erteilt, Meine Braut zu werden, und was wäre natürlicher für eine Braut, als ihrem Bräutigam nachzufolgen? Ich freue Mich, daß du deine Nichtswürdigkeit erkennst. Fürchte dich nicht, Ich liebe dich auf jeden Fall. Höre Mich: sei nicht entmutigt, wenn Ich dir deine Schwächen aufzeige, da Ich ja hier bei dir bin, um dir zu helfen. Vertraue Mir immer, und verlasse dich auf Mich! Verstehe Mich, indem du Mein Wort liest. Gehe nicht in die Falle, sei dir des Bösen bewußt! Halte dich eng an Mich, und du wirst sicher sein. Ich werde dich immer daran erinnern, daß du wach bleiben sollst. O Tochter! Wie Ich Mich nach diesem Tag sehne!

Welchem Tag?

Dem Tag, an dem Ich dich der ganzen Menschheit als Meine Gabe senden werde. Sie werden ebenfalls lernen, Mich zu lie-

ben, und sie werden Mich besser verstehen. Die Weisheit wird ihre Reichtümer mit der ganzen Menschheit teilen. Gehe jetzt in Frieden, und erfülle deine Pflichten! Laß uns zusammen gehen.

Später:

Herr, mein Gott, meine Seele schmilzt in mir in Deiner Gegenwart. Freude und Frieden hüllen mich ein, denn ich bin unter einem Schauer von Segnungen.

Vassula, du fühltest Meine Wärme und den Frieden Meines Herzens. Gehe hin und sage ihnen, lasse sie es alle wissen, daß Mein Herz ein Abgrund der Vergebung, des Erbarmens und des Friedens ist. Ich liebe dich, Kind, daß du Mich hörst (daß Ich Seinen Ruf verstand)***, komm und laß uns gehen, erkenne Mich durch Unterscheidungskraft, und leiste Mir Gesellschaft!***

26.1.1987

Ich, Jesus, liebe dich ewig dauernd. Höre Mich und denke immer daran: Ich, Jesus Christus, dein Erlöser, liebe dich aus den Tiefen Meines Herzens. Nahe dich Mir und höre auf Mich! Ich möchte, daß du dein ganzes Vertrauen auf Mich setzt. Schenke Mir Glauben! Ich möchte dich warnen vor dem, was geschehen wird: Nachdem sie keinen bösen Geist entdeckten, der dich führt, werden sie eine andere Theorie auf dich anwenden. Die Theorie des Unterbewußtseins, des unterbewußten Gemüts, aktiviert dich, Geliebte, was ein psychologischer Effekt des Gehirns ist. Viele werden sich gegen dich zusammentun, viele werden Mein Gesetz brechen, viele werden dich als verdächtige Person verfolgen, und ihre Bosheit wird dich bedrücken. Doch werde Ich für dich antworten. Selbst wenn Ich durch deinen Mund den Frieden vorschlagen werde, werden sie alle für den Krieg sein. Ich warne dich, Tochter, lasse nicht zu, daß dein Zeitalter dich verändert. Klammere dich fest an Mich, deinen Heiland. Ich bin dir immer nahe. Lasse dich nicht von ihnen betrüben! Ich bin bei dir und helfe dir. Manchmal scheinst du Meine Gegenwart zu vergessen. Leiste Mir Gesellschaft! ... O Vassu-

la, wie Ich Mich nach dem Tag der Glorie sehne! ... Warum hältst du mit deiner Frage zurück?

Ja, Jesus. Der Tag der Glorie, was soll das bedeuten?

Ich werde es dir sagen: Es wird der Tag sein, wenn alle Offenbarungen ans Licht kommen werden. Es wird sein, wenn alles, was von Mir und Meinem Vater niedergeschrieben worden ist, ans Licht kommen wird. Die Wahrheit wird nicht verborgen bleiben. Komm jetzt, du lernst noch. (Ich begriff, daß die Zeit für meine Mission noch nicht gekommen war. Ich war ja noch am Lernen.)

28.1.1987

Ich bin hier, Tochter. Ich bin die Weisheit. Sei bereit, Meine Botschaft der ganzen Menschheit zu überbringen. Ich, Jesus Christus, werde Meine Gnaden vermehren.

Ich zögerte hier.

Vassula, du bist nicht verschieden in Meinen Augen.

Aber Jesus, ich bin verschieden von anderen, die Botschaften von Dir empfingen. Die meisten von ihnen waren schon religiös. Sie waren Nonnen, die aufrichtig fromm waren, doch ich, ich bin wie der Rest der Welt. Ich passe nicht in dieses Bild.

Du denkst auf menschliche Art, Kind. Fühle dich von Mir geliebt!

Dann sprach Jesus in schnellerem Tempo das Folgende. Es war, als wolle Er mir diese Dinge rasch sagen, ehe ich meinen Mund öffnen und meine Dummheiten anbringen konnte.

Tochter, komm, laß uns zusammensein, fühle dich von Mir geliebt! Komm und bete mit Mir!

Wir beteten gemeinsam.

Ehre sei Gott! Befreie dich und komme näher zu Mir. Stütze dich auf Mich! Erfreue Mich und lehne dich an Mich! Ich möchte, daß du, Vassula, begreifst, daß Ich dich liebe. Du scheinst es zu vermeiden, Mir nahezukommen, weil du dich Meiner für ungeeignet hältst. Du gingst sogar so weit, Mich

zurückzuweisen (Jesus war wirklich verletzt), ***... und dafür batest du Meinen Diener Daniel, daß er dir nahe sei.*** (Ich fühlte mich Jesu so unwürdig, daß ich nach meinem Engel Daniel rief, statt dessen bei mir zu sein.) ***O Tochter, Ich liebe dich. Habe Ich nicht Mein Leben für dich hingegeben?*** (Dies kam aus Ihm heraus wie eine langgezogene Klage.)

Es ist einfach nur, daß ich mich Deiner und Deiner Liebe nicht würdig erachte.

Wie konntest du nur so etwas denken? (Jesus erschien völlig erstaunt.) ***Ich gab Mein Leben für jedermann dahin, ob würdig oder unwürdig. Lasse jene Gedanken zurück und komme zu Mir! Ich rufe dich, daher nahe dich Mir. Erlaube dir, in Mir zu ruhen, und weise Mich niemals zurück! Ich liebe dich, wie du bist, elend, hilflos und schuldig. Ich habe dir schon gesagt, daß Ich dich formen werde. Du mußt dich selbst frei in Meine Hände geben, und Ich werde dich in das umformen, was Ich möchte, daß du sein sollst. Komm, Geliebte, Ich bin bei dir, und Ich bin dein heiliger Gefährte, der dich führt. Ich, Jesus Christus, werde dich bald offenbar werden lassen, du sollst mitten unter der Menschheit sein.***

Jesus, Du weißt, daß ich nicht alles verstehe, was geschieht. Aber meine Seele frohlockt, auf diese Art und Weise bei Dir zu sein, und meine Augen sind auf Dich gerichtet. Nun weiß ich, daß Du ein lebendiger Erretter bist. Hier bist Du, in meinem Zimmer, und flüsterst mir eine Botschaft in mein Ohr, auserwählt aus Tausenden, um ausgesandt zu werden unter die Völker mit Deinem Liebeslied. Was kann ich mehr verlangen? Obwohl viele durch Deine Wahl verblüfft sein werden, wird Dein Verlangen ihre Herzen gewinnen. Du, der Du von Deinem Thron herabkamst, die königliche Krone beiseite legtest, kamst wiederum in dieser Minute hernieder, um meine Seele aus diesem Exil heraus zu erheben. O ja, ich möchte Dir folgen!

Ich bin froh, dich mit Mir zu nehmen. Folge Mir und erinnere dich, alles was du tun wirst, wird mit Mir getan sein. Ich werde dein Führer sein, deine Lampe und dein Schutz, bis zum Ende. Dann werde Ich selbst kommen und dich befreien. Rufe Mich, wann immer du es wünschst, rufe Mich, und Ich werde vom Himmel herabsteigen. Vergiß nicht Meine Ge-

genwart! Überlasse dich völlig Mir, und Ich werde dich mit Meiner Liebe in Mich aufnehmen. Dein Elend findet bei Mir Anklang. Komm und verherrliche Mich mit der Liebe, die du für Mich hast. Nimm Meine Lehren an, denn sie sollen viele nähren. Die Rettung kommt von Mir. Lasse Mich dir sagen: Die Armen werden soviel bekommen, wie sie zu essen wünschen. Ich bin dafür bekannt, niemals die Armen zu vergessen. So komm und laß Mich dich in die Tiefen Meines Herzens stoßen. Meine Liebe ist unergründlich. Bleibe in Meinem Herzen, und du wirst geheilt werden, Tochter.

29.1.1987

Ich bin Jahwe, dein himmlischer Vater, Schöpfer des Himmels und der Erde. Tochter, Kleines – Meine Liebste, Ich liebe dich. Führe Meine Botschaft aus, fürchte dich nicht, Ich bin immer neben dir. Gehe und verkünde Mein Wort und übergib Meine Botschaft an die ganze Menschheit. Fürchte dich nicht, Ich werde deinen Mund im Gebet öffnen, Ich werde dich mit dem Geist des Verstehens erfüllen. Du wirst dich Tag und Nacht abmühen, aber keineswegs umsonst. Nimm Meine Botschaften entgegen, Geliebte. Du wirst mit Mir wandeln, Ich werde dein Führer sein. Sorge dich nicht, denn Ich werde jeder Not zur gegebenen Zeit abhelfen.

Später:

Ich bin es, Jesus, komm Vassula, all die Botschaften werden durch Meinen Vater und Mich gegeben. Erfülle Meine Worte! Fürchte dich nicht! Ich werde bei dir bleiben, Ich werde dich belehren. Ich werde dein Erbteil sein. Komm, laß uns miteinander gehen! Folge Mir, Geliebte, Ich bin Jesus Christus.

Habe ich Dich, Jesus, ohne es zu wollen, verletzt? Ich habe leider diese Neigung, Verkehrtes zu tun.

Du würdest Mir Kummer bereiten, Tochter, wolltest du Mich verlassen. Doch wenn du Mich so liebst, wie du es tust, erfreust du Mich, verstanden? Erkenne, daß Ich verletzt werde, wenn man Mich verläßt, Vassula. Ich, Jesus, habe dich Mich lieben gelehrt.

Jesus, was ist der Beweis dafür, daß du hinter allem steckst?

Schau dich selbst an, du bist der Beweis. Du bist der Beweis Meiner Liebe. Vassula, Ich habe dich aus dem Nichts wachgerüttelt, um bei Mir zu sein, so komme zu deinem Tröster, nähere dich Mir und fürchte dich nicht vor Mir. Ich werde dich so formen, daß du Meine Söhne und Meine Töchter von weit weg zurückbringen kannst. Viele von jenen, die Meinen Namen tragen, Mich aber bisher im Stich gelassen haben, werde Ich adoptieren, so wie Ich jetzt dich adoptiert habe. So wirf dich hinein in Mein Herz! Vassula, jedesmal, wenn Ich dein Herz spüre, finde Ich einen sanften Ort, auf dem Ich jederzeit Mein Haupt ausruhen kann. Ich fühle, daß Ich Mich darauf verlassen kann, daß du Mir Ruhe spendest. Ich, Jesus, liebe dich. Erinnere dich, daß deine Leiden auch die Meinen sind. Lehne dich heute an Mich und bringe Mir deine ganze Liebe dar. Ich habe es nötig, getröstet zu werden.

Ich war verblüfft, daß Jesus von mir Trost wollte.

Wie kann ich Dich trösten, Herr?

Indem du Mich auf diesem weichen Platz ruhen läßt. Heute habe Ich jemanden, den Ich liebe, das wird Mich nochmals verletzen. Entsprich Mir mit deinem Trost ...

Was könnte ich nur tun, um Dich zu trösten, Herr?

Laß Mich Mein Kreuz wieder auf dir niederlegen. Nimm Mir die Last ab, lasse Mich ausruhen! Ich möchte es dich für Mich tragen lassen, weil Ich dir vertraue. O Tochter, weise Mich nie wieder ab wie neulich!" (Ich hatte meinen Engel gerufen und Jesus weggestoßen.)

Vergib mir! Ich hatte mich so unwürdig gefühlt, daß ich in die Versuchung geriet, Deinen Diener zu rufen und Dich abzuweisen. Ich werde das nie mehr tun.

O Tochter, Ich weiß, doch habe Ich nicht Mein Leben für alle von euch hingegeben? Hier nun betraue Ich dich mit Meinem Kreuz. Bald schon wirst du merken, wie schwer Mein Kreuz ist. Späterhin komme Ich wieder, um dich zu entlasten. Das ist die Art und Weise, wie du und Ich zusammenarbeiten wollen. Wir wollen einander auf diese Weise helfen.

30.1.1987

Ich möchte Dir, Vater, danken, daß Du mich vom Bösen erlöst hast. Mein Retter, Ich habe Dir niemals genug gedankt, als Du den ganzen Weg vom Himmel herunter zu mir kamst. All diese Zeit warst Du mein Beschützer und Erlöser. Als ich vom Bösen umgeben war, litt meine Seele. Als Satan mich mit Lügen und allerlei Machenschaften angriff , da wartetest Du nicht, sondern Du kamst mir zu Hilfe. Dämonen waren rings um mich her, um mich zu töten, und so schrie meine Seele nach Dir eingedenk Deiner Werke aus früheren Zeiten. Du kamst zu mir voll Erbarmen, erlöstest meine Seele aus ihren Klauen. Preis sei Dir dafür und Verherrlichung Deinem Namen!

Alle Weisheit kommt von Mir. Als Ich dein Schreien in den Tagen deiner schweren Prüfung hörte, hob Ich dich empor an Meine Brust. Ich, Jahwe, bin dein Erlöser. Ich wollte von dir, Tochter, daß du Mich benötigst. Ich wollte dich an Meine Barmherzigkeit erinnern. O Tochter, deine Seele war nahe am Tod. Alles Böse und alles Übel umgaben dich, griffen dich an. (Das war, als ich von Satan angegriffen wurde, als er begriff, daß Gott Pläne mit mir hatte. Zusammen mit seinen Dämonen wollte er mich umbringen. Gott ließ das geschehen, damit ich nach Ihm schrie, Ihn benötige und mich selbst Ihm überlasse.) ***Sie verachteten dich. Nachdem du zu ihrem Spielball geworden warst, versuchten sie dein Leben wegzunehmen und dich zu vernichten, als sie von Meinen Plänen hörten. Inmitten der Raserei und Wut, die Verheerungen bei dir anrichteten, hörte Ich von der Erde her dein Flehen. Wie konnte Ich widerstehen? Ich konnte dich nicht länger vom Bösen umzingelt sehen.*** (Ich wurde so arg von den Dämonen bedrängt, daß mein Engel, als ich zu ihm schrie, mir einzig sagen konnte: „Bete!" Mein Engel half in dieser Schlacht auch mit, mich zu beschützen. ***Ich kam eilends zu dir und hüllte deine hilflose Seele in Meine Arme, hob dich in Meiner Güte und Huld zu Mir empor. Ich belebte dich neu, als Mein Licht auf dich schien. Tochter, Ich werde dich gänzlich verstehen lassen: Ich bin dein Gott, und weil du in Meinen Augen kostbar bist, werde Ich deine Seele behüten. Ich bin dein erster Vater. Habe Ich dir nicht alles darüber gesagt und lange schon geoffenbart? Sei ohne Angst, Tochter, die Ich erwählte. Ich, Jahwe, werde der Menschheit Meine Barmherzigkeit zeigen, und Ich werde***

viele heilen. Ich, Jahwe, habe dich zu Meiner Trägerin bestimmt, noch ehe du geboren warst. Du sollst Meine Botschaft des Friedens und der Liebe überbringen, und viele werden lernen, ein wahrhaft heiliges Leben in Mir zu leben. Ich werde dir helfen, Mich zu verherrlichen, und Ich werde dich auch weiterhin unterweisen, Tochter. Ich werde dich von deiner Schuld heilen und dir Meinen Frieden geben, aus Meinem Herzen, wo Ich dich für ewig bleiben lassen möchte. Ich, Jahwe, werde dich bis zum Ende führen. Ich liebe dich, vergiß dies nie! Ich bin die Weisheit, und alle Weisheit kommt von Mir.

31.1.1987

Jesus?

Ich bin es. Ich bin hier. Ich, Jesus Christus, bin dein Lehrer, dein Gemahl und dein Gott. Vassula, höre Mir jetzt gut zu: Mein Vater hat dich zu Seiner Trägerin erwählt. Ich bin in deiner Nichtigkeit zu dir gekommen und offenbarte dir Mein Herz und segnete dich. In all Seiner Souveränität trat dich Mein Vater an Seinen Diener Daniel ab (meinen Schutzengel), ***um deine Aufmerksamkeit zu erregen. Während jener Zeit, als er dich festhielt, um dich zu Uns zu bringen*** (zur Heiligen Dreifaltigkeit), ***wurdest du angegriffen. Der Teufel versuchte, im Wissen um Meine Pläne, dich zu entmutigen. Anfangs hattest du keine Liebe zu Mir. Dennoch war Ich dir die ganze Zeit nahe und sagte dir, daß Ich dich liebe, doch du warst Mir gegenüber kalt und gleichgültig. Durch vorzeitige Trauer leidend, schmerzte vor Kummer Mein Herz.***

Wie nur konnte Unser eigenes Kind so fallen, daß Unser Bildnis in solchem Ausmaß verunstaltet und zugrunde gerichtet wurde? Wohin war die Schönheit Unseres Werkes gegangen? Damit du wieder geradeaus siehst, mußten Wir (die Heilige Dreifaltigkeit) ***dir die höchste Strafe für deine Rebellion auferlegen.*** (Er ließ zu, daß Satan mich attackierte.) ***Du sündigtest zwar, warst aber immer noch die Unsrige. Dann, inmitten deiner Prüfung, hörte Ich dein Flehen, du fingst an zu erkennen, daß Ich, dein Herr, deine Zuflucht sein könnte. Um dich zu veranlassen, daß du dich Mir zuwendest und überläßt,***

hatte Ich anzuordnen, dich vom Schreiben wegzubringen. Ja, Ich schloß die Himmelstür. Ich wirbelte dich mit Meinem Atem der Gerechtigkeit hinweg. Ich wirbelte dich hinweg, so daß du aufrichtig bereust.

Ich wollte, daß du Mich brauchst. Ich wollte, daß du Mich liebst. Ich ließ dich den Hauch des Todes spüren, doch Ich veranlaßte, daß du dich selbst an Mich übergibst, wie du dich erinnerst. Ich hatte dann Meinen Engel Daniel zu dir zurückgesandt, um deine Wunden zu heilen, die ein Teil deiner Prüfung waren. Daniels Arbeit war, dich zu Uns zu bringen. Ich war es, der dich rief. Ich pflegte dich mit Liebe und Zärtlichkeit gesund. Ich bezauberte dich mit Meiner Schönheit, Ich heilte dich, damit du ein fruchtbarer Baum sein würdest. Ich ließ Gelehrsamkeiten und Unterscheidungskraft auf dich niederregnen und diktierte dir Meine Botschaften. Ich offenbare euch allen Mein Antlitz. Die Weisheit übergibt ihre Mittel und Reichtümer nicht nur den Gerechten, sondern auch den Ungerechten.

Ich liebe euch alle. Darum sage Ich dir: Wachse in Meinem Geist, wachse wie die Zedern, die ihre Äste weit ausbreiten. Ich habe dich erhoben, um Meine Trägerin zu sein und Mir all jene zurückzubringen, die ein schlechtes, sündhaftes und dummes Leben führen. Ich werde dich auf Meine Fittiche nehmen und rund um Meine Himmelsgewölbe gehen, die Erde wie mit Nebel bedecken von den Höhen bis zu den Tiefen, über die Meere werde Ich dich tragen. Ich und du werden die ganze Erde mit Meiner Botschaft überziehen.

Vassula, prüfe und begreife, was geschrieben ist. Ich bin deine Stärke, so fürchte dich nicht! All diese Offenbarungen, die Ich dir gebe, kommen ans Licht. Ich bin deine Stütze und dein Beistand, und Ich liebe dich. Nimm Meine Lehren an, Ich unterweise euch, Meine Nachfolger zu sein. Die Belehrung erfolgt durch Mich. Die Weisheit liebt das Leben und teilt ihre Werke unter den Einfachen aus. Ich werde dir jenen ewig fließenden Strom in Hülle und Fülle schenken. Dann werde Ich dich wie einen Tropfen des Morgentaus, der zu Boden sinkt, zu allen Menschen aussenden, zur ganzen Menschheit. Ich werde dich ihnen schenken als Meine Gabe

und sie so befähigen, Mich besser zu verstehen, denn das ist Mein Wille. O Tochter, wie Ich Mich nach diesem Tag sehne!

* * *

Vassula mit ihrem Engel Daniel

Botschaften mit wichtigen Themen

Vassulas Reifeprozeß

Fr. Michael O'Carroll, C.S.Sp.

Der erste Teil dieses Buches zeigte genau auf, und zwar anhand der aufschlußreichen Reihenfolge der Botschaften, wie Vassula schrittweise in die Welt des Übernatürlichen eingeführt wurde, in der sie dann ihre wahre Berufung finden sollte. Die dann folgenden Seiten werden das Interesse des Lesers anregen durch den Reifungsvorgang, den sie unter der Führung des Heiligen Geistes durchmachte. In dem geistigen Wachsen, das ihre Gabe von seiten des Geistes war, wurde sie ausgerüstet, mit Klarheit und Überzeugung schwerwiegende Themen in den Vordergrund zu rücken, die für den Aufbau ihrer konkreten und genauen Lehre wesentlich sind: Die beiden Herzen Jesu und Mariens – welche die innige Verbindung des Erlösers mit Seiner Mutter, aber auch den Heiligen Geist, die christliche Einheit, die lebenswichtige Rolle von Ost und West, die geistige Auferstehung der russischen Kirche, den tödlichen Verrat der wesentlichen Dinge im kirchlichen Leben, den Glaubensabfall und die nachfolgende Läuterung in sich tragen. Vassula steht hinfort einer Prüfung auf ihre Genauigkeit in der Darlegung dieser Heilswahrheiten offen. Für mich zeigt sich das Ergebnis einer solchen Beurteilung günstig. Möge jeder Leser seine eigene gerechte Schlußfolgerung ziehen.

* * *

Der Heilige Geist

... Mein Heiliger Geist ist das Herz Meines Leibes, nämlich der Kirche ...

15.4.1991

Herr, komme in voller Kraft mit Deinem Heiligen Geist zu uns. Denn, liebster Abba, wie Du Deinen Sohn verherrlicht hast und Dein Sohn Dich verherrlicht hat, ist die Stunde gekommen, daß Dein Heiliger Geist der Wahrheit Deinen Sohn verherrlicht. Beweise der Welt, daß Dein Wort etwas Lebendiges und Tätiges ist und nicht einfach nur gedruckte Worte auf Papier. Lasse Deinen Heiligen Geist „die Herzen der Väter zu ihren Kindern und die Herzen der Kinder zu ihren Vätern sich wenden“. (Mal 3, 24)

Friede sei mit dir! Vassula, heilige Schriften lügen nicht. Es ist gesagt worden, daß in den kommenden Endzeittagen die Menschen wohl den äußeren Schein der Religion aufrechterhalten, die innere Kraft jedoch verleugnen werden (2 Tim 3,5). ***Ach! Meine Geliebten, wird es bei Meiner Wiederkehr noch Glauben geben? ...***

- ***Die innere Kraft Meiner Kirche ist Mein Heiliger Geist in ihr, lebendig und aktiv. Wie ein Herz in einem Körper ist Mein Heiliger Geist das Herz Meines Körpers, welcher die Kirche ist.***
- ***Die innere Kraft Meiner Kirche ist Mein Heiliger Geist, der Seine Gaben und Gnaden frei umsonst gibt und austeilt zum Nutzen der Kirche.***
- ***Die innere Kraft Meiner Kirche ist Mein Heiliger Geist, der Erinnerer an Mein Wort, das eigentlich nichts Neues offenbart, sondern dieselben Belehrungen werden vom selben Geist gegeben.***
- ***Die innere Kraft Meiner Kirche ist Mein Heiliger Geist, der umwandelt, erhebt und euch in wahre Abbilder Meiner selbst verwandelt.***
- ***Die innere Kraft Meiner Kirche ist Mein Heiliger Geist, dieses Feuer, das euch belebt, euch läutert und aus eurem Geist Feuersäulen macht, glühende Feuerherde der Liebe,***

lebendige Fackeln des Lichts, um furchtlos Mein Wort zu verkündigen, Zeugen des Allerhöchsten zu werden und andere zu lehren, nur auf Himmlisches zu schauen.

- *Die innere Kraft Meiner Kirche ist Mein Heiliger Geist, das Leben und der Atem, der dich lebendig erhält und deinen Geist veranlaßt, nach Mir zu verlangen, Mich Abba zu nennen. Wenn du, Mein Kind, dich verweigerst und die Gaben Meines Heiligen Geistes unterdrückst, welche Dienste wirst du Mir dann tun und anbieten können? Seid nicht wie leblose Hüllen, die nach außen zwar den Schein von Religion wahren, doch die innere Kraft verleugnen, unter nutzlosen Spekulationen, Mich so in Meiner Göttlichkeit einschränkend. Haltet nicht jene ab, die als Kinder zu Mir kommen und ein Leben der Hingabe an den Heiligen Geist führen. Ich bin es, der sie zur Hochzeit Meines Heiligen Geistes ruft. Das Geheimnis der Heiligkeit ist Hingabe an Mich, euren Gott, und aus euch selbst könnt ihr nichts tun, solange Mein Geist nicht in euch lebt und euch führt und euch Himmlisches lehrt.*

Ich sage euch wahrlich, wer immer Mich fürchtet, wird Meine Korrektur annehmen. So schlaft jetzt nicht, denn jetzt ist die Zeit, da man wachen und beten sollte, mehr denn je. Jetzt ist die Zeit, eure Ohren aufzumachen und auf Meinen Geist zu hören und ihn nicht unbeachtet zu lassen. Spielt nicht im unrechten Augenblick den Weisen, indem ihr den Atem Meines Heiligen Geistes beiseite stoßt und die innere Kraft unterdrückt, die Meine Kirche belebt. Du willst klug sein? Dann mache deine Augen auf! Du willst klug sein? Gebrauche Herz und Ohren, Mein Freund, statt deines menschlichen Verstandes. Ein kluger Mensch schlägt niemals eine Warnung vom Geist in den Wind, nur der Stolze kennt keine Furcht. Die Furcht des Herrn ist der Anfang der Weisheit. Du willst klug sein? Schaue auf die Wahrheit, die sich verzweifelt herabbeugt über dein Elend, dich zu retten! Schaut doch hin, wer es ist, der sich da über euer verkehrtes Wesen und eure Bosheit beugt, um euch zu sich emporzuheben aus euren Gräbern, euch wieder Leben einzuhauchen!

O komm! Verstehe Mich nicht falsch! Ich zwinge nicht, noch versuche Ich, eure Freiheit zu verletzen! Ich habe Erbarmen

mit eurer Generation. Sage nicht, daß alles, was Ich zu sagen hatte, schon gesagt sei. Warum soll Ich begrenzt werden, wie ihr begrenzt seid?

Ich bin es, der Erinnerer an Mein Wort, die innere Kraft Meiner Kirche und frei, neue wesentliche Gehalte und Bedeutungen zu übermitteln und neue Wunder zu tun. Ich bin frei, eure Generation zu erheben und heilendes Salböl auf euch zu ergießen aus den Reichtümern Meines heiligsten Herzens, wann und auf wen Ich will. Ich baue auf, ja, baue von neuem Meine Kirche, die jetzt ruiniert daliegt. So laßt es nicht darauf ankommen, daß, wenn ihr Mir am Tag des Gerichts vor die Augen tretet, Ich euch sagen muß: du warst einer Meiner Verfolger, der niedergerissen hat, während Ich aufbaute. Erbarmen steht jetzt an eurer Türe, und Mein Erbarmen klopft an in den Zeiten eurer Trübsal. Ihr haltet euch für heilig? Erweist euch als heilig, indem ihr Mir eure Anbetung entgegenbringt. Erweist euch als heilig, indem ihr Mir die Seelen zeigt, die ihr bekehrt und zu Mir bringt, denn Mein Reich besteht nicht in leeren Worten noch in äußerem Schein von Religion, sondern in der inneren Kraft, die nur Ich euch geben kann durch Meinen Heiligen Geist. Wenn ihr es wollt, dann fühlt Meine Gegenwart und Meine Liebe, die Ich für jeden von euch habe. Ich, Jesus Christus, bin zugegen und segne euch alle aus den Tiefen Meines heiligsten Herzens, mit Meinem Liebesseufzer auf eurer Stirn. Seid eins, Ekklesia wird neu aufleben.

ΙΧΘΥΣ 

Einheit

… nehmt Mein Kreuz der Einheit und tragt Es durch die Welt …

7.10.1991

Ich möchte alles, was ich habe, Dir zur Ehre gereichen lassen. Ich habe zwar nicht viel, tatsächlich so gut wie nichts, denn ich bin unzulänglich, arm, schwach und ganz elend, dennoch: Nimm hin, mein Herr, was immer ich haben mag.

Meine Vertrautheit (vertrauter Umgang) ***mit dir hat ein Feuer in dir entfacht und dich und andere gerettet. – Ich möchte deinen freien Willen. Opfere dich Mir, und Ich werde Ströme aus dir hervorquellen lassen. Ich brauche äußerste Armut, um Meine Werke zum Tragen zu bringen. Ich will deine Seele stützen und nähren, denn du bist Meine Braut. Vassula, eure Städte sind voll von Toten, und ihr Gestank steigt bis zum Himmel empor; zu Millionen verwesen sie. Bete, bete um Frieden, Liebe, Glauben und Einheit!***

Der Heilige der Heiligen ist voller Pein über das, was kommen muß. Er ist über alle Maßen betrübt. Ich werde Meine Hand auf dieses böse Geschlecht niederfallen lassen müssen. Tochter, um Meinetwillen nimm Mein Kreuz der Einheit auf dich und trage es durch die ganze Welt. Geh von Land zu Land und sage jenen, die von Einheit sprechen, dabei aber nicht aufhören, ans Gegenteil zu denken und das Gegenteil zu leben, daß ihr Geist der Spaltung Mein Herz von dem ihren getrennt hat. Schreie es hinaus, vielleicht kann Meine Stimme doch noch ihre Taubheit durchbrechen. Ich bin bei dir in dieser Trostlosigkeit, fürchte dich also nicht!

Ich habe dir Mein Kreuz anvertraut. Dieses Kreuz wird dich heiligen und dich retten. Trage es also mit Liebe und Demut. Und rufe Meinen Namen ohne Unterlaß an! Deine Mission, Mein Kind, besteht darin, Zeugin der Liebe zu sein und Meine Heiligkeit ihrem Fehlen an Liebe, Ergebenheit und Treue entgegenzuhalten. Gehe furchtlos voran und sei Mein Echo! Lege mit Frohsinn und Eifer Zeugnis ab; sei mit Liebe Zeugin für Meine Liebe! Wann immer Meine Feinde dich verletzen, frohlocke! Und bringe alle deine Wunden Mir dar, und Ich werde dir sogleich Linderung verschaffen. Sooft du deine Augen erhebst und nach Mir Ausschau hältst, wird Mein so erbarmungsreiches Herz sich deiner annehmen. Du bist Mein Kind, das Ich angenommen, aufgezogen und genährt habe, so fürchte dich nicht vor den Menschen – sie können dich nicht zerstören. Bald werde Ich dich freigeben. Geh inzwischen mit Meinem Kreuz der Einheit umher und verherrliche Mich. Sei Verteidigerin der Wahrheit und der

einen Kirche, die Ich selbst errichtet habe. Gehe zu jeder Nation und zeige dich ihnen.

Sage ihnen, daß Ich den Frieden wünsche und eine einzige Kirche unter Meinem heiligen Namen. Sage ihnen, daß der, der vorgibt, gerecht zu sein, aber dennoch in der Trennung verbleibt, von der Frucht essen wird, die er gesät hat, und zugrunde gehen wird. Sage ihnen auch, wie sehr Ich unaufrichtige Herzen verabscheue. Ihrer Förmlichkeiten und ihres Geredes bin Ich überdrüssig. Sage ihnen weiter, daß Ich Mich abwende von ihrem Hochmut und ihrer Unbeugsamkeit. Wenn auch die Leute von ihrem Urteilsvermögen eine hohe Meinung haben, Mir können sie keinen Eindruck damit machen. Ich kann sie nicht zu einer sterbenden Kirche beglückwünschen, die schon die Verwesung in sich trägt. Sage jedem, der es hören möchte: Wenn sie ihre Stimme nicht senken, hören sie die Meinige nie. Würden sie aber ihre Stimme mäßigen, würden sie anfangen, Meine Stimme zu hören und so Meinen Willen erfüllen.

Ich bin der Eine, dennoch machte sich jeder von ihnen seinen eigenen Christus. Ich bin das Haupt Meines Leibes, doch alles, was Ich sehe, das sind ihre eigenen Häupter – anstelle des Meinen. Sage ihnen, sie bräuchten nur ihre Häupter zu senken, und schon werden sie Meines sehen. Sage ihnen, sie möchten sich selbst erniedrigen, damit Ich sie zu Mir erheben kann. – Laß dir von ihnen keine Angst einjagen, Mein Kind. Sei geduldig, wie Ich geduldig bin. Sei auch so klug, dich ständig an Meiner Seite aufzuhalten. Du wirst Meine Juwelen tragen (Sein Kreuz, Seine Nägel und Dornenkrone), *damit du Mir die Treue hältst; sie werden dich ständig an Mich erinnern. Bete, Meine Braut, bete zu deinem Bräutigam, und Ich werde dich am Ende belohnen. Verherrliche Mich, und Ich sage dir: Keine Mühe, kein Opfer, nichts wird umsonst sein.*

Sage jedermann: Ich werde Mein Königreich inmitten der Armut errichten. Meine Seele frohlockt in jenen, die Zeit haben, Meinen Geist zu hören, Mich anzubeten und Meinen Willen zu tun! Tochter, Ich liebe dich trotz deiner Armseligkeit. Gestatte Mir auch weiterhin, Meine Werke in dir zu vollbringen. Paß dich Mir an, so wie Ich Mich dir anpasse, und

durch dich wird Meine Gegenwart spürbar werden. Mit dir will Ich dieses Geschlecht zur Einheit führen. Sei voll Vertrauen, denn Ich bin bei dir. Mein Siegel ist auf deiner Stirn, und mit diesem Siegel und mit Meiner Gnade wird Mein Reich auf Erden errichtet werden, so wie Ich es will. Empfange Meinen Frieden und denke daran: Ich bin allezeit bei dir. Komm, komm in Meine Wunden!

ΙΧΘΥΣ 

Einheit

... da Ich eins bin, werdet auch ihr eins sein, wie Wir eins sind ...

14.10.1991

Herr?

Ich bin es. Verkündige die Frohe Botschaft mit Liebe für die Liebe. Sei in Mir verwurzelt, Mein Kind. Überlaß alles Mir und erlaube Mir, dein geistlicher Führer zu sein, damit Ich dich leiten und dir Meine Anweisungen für die Vereinigung Meiner Kirchen geben kann. Du sollst ein Zeichen für sie sein, und sie werden lernen, daß, da Ich eins bin, auch ihr eins sein werdet, wie Wir eins sind. Die Schriften werden sich erfüllen, weil Mein priesterliches Gebet zum Vater sich erfüllen wird. Ich bin in dir, also fürchte dich nicht.

Das ist sehr vielversprechend, Herr!

Deine Aufgabe, Kleine, besteht darin, Mein Volk unter einen Namen – Meinen Namen! – zu bringen, damit sie zusammen das Brot brechen. Du brauchst dir keine Sorgen zu machen. Tue dein Bestes, und Ich will das übrige tun. Ich brauche Demut, um Meine Werke in dir vollenden und so alles zum Tragen bringen zu können. Deine glaubenslose Generation, die so viel von Meinem Blut vergießt, wird dich abweisen, doch, Meine Vassula, Ich werde dich aufrechterhalten trotz der nicht geringen Verwundungen, die dieses üble Geschlecht dir zufügen wird. Hilfe von oben wird dir zuteil

werden. Ich habe dir und anderen gepredigt. Laß es damit nicht genug sein, sondern bringe die Lehren vor, die Ich sowohl öffentlich wie auch in euren Häusern und Familien erteilt habe. Ich weiß wohl, wie gebrechlich du bist, doch weiß Ich auch, was Ich erwählt habe.

Herr, es ist mir genug zu wissen, daß wir einmal vereint sein werden,obschon sich keiner vorstellen kann, wie das geschehen soll. Die Probleme sind anscheinend groß, und die Entzweiung ist noch größer. Wie Du sagst: Der Hirtenstab ist nicht nur entzweigebrochen, sondern zersplittert, und Dein Leib ist verstümmelt, entstellt und gelähmt. Du bittest uns alle, uns zu beugen. Doch wie? Was ist zu tun? Welches ist der erste Schritt? Ich bin eine Griechisch-Orthodoxe und teile doch alles mit meinen römisch-katholischen Brüdern, und ich unterscheide mich nicht unter Deinem Namen, wenn ich bei ihnen bin. Und auch sie behandeln mich nicht anders als ihre Angehörigen. Ich weiß auch, daß viele von ihnen die griechisch- oder russisch-orthodoxen Kirchen besuchen ...

Sprich nur weiter, Mein Kind!

Gib mir die rechten Worte, Herr.

Sage: ... und ihnen ist es nicht gestattet, an Deinem Leib teilzuhaben.

Nein, es ist ihnen nicht erlaubt, obwohl unsere Sakramente dieselben sind. Jedoch wir, die Orthodoxen dürfen an Deinem Leib teilhaben. Es wurde mir sogar gesagt, ich sei exkommuniziert, weil ich zu den Römisch-Katholischen gehe – um nicht mehr zu sagen. Auch werde ich von beiden Seiten angegriffen, weil mein Beichtvater ein römischer Katholik ist! Und Du schaust bei alledem zu, mein Herr Jesus!

Doch es wird der Tag kommen, wo sie das Brot zusammen auf einem Altar brechen werden, und keiner wird Meine Kinder mehr hindern, zu Mir zu kommen. Keiner wird sie mehr fragen: „Bist du orthodox?“ (Offenbar haben die griechisch- und die russisch-orthodoxen Priester das Recht, denjenigen, der die heilige Kommunion empfangen möchte zu fragen, ob er ihnen auch „zugehörig“ sei. Sie verweigern den Römisch-Katholischen den Kommunionempfang, obwohl die Sakramente dieselben sind.)

Was sie erbaut haben, um euch zu trennen, ist durch Mich schon verworfen. Ihr alle seid Brüder in Mir, dies ist es, was du sie zu glauben lehren und danach zu handeln überzeugen sollst. Was jene betrifft, die daran festhalten, an Körper und Geist unter Meinem heiligen Namen geschieden zu sein – sage ihnen, was Ich der Kirche in Sardes (Offenbarung 3) *gesagt habe: Ihr geltet in den Augen der Welt als Lebende, aber nicht in den Augen dessen, der euch erschuf. Werdet wach und stärkt, was noch übrig ist: Es stirbt sich gar schnell, und wo Aas liegt, da sammeln sich die Geier. Vereinigt euch! Sammelt euch! Ruft Meinen Namen gemeinsam an! Konsekriert Meinen Leib und Mein Blut gemeinsam! Verfolgt nicht den Weg! Demütigt euch und beugt euch, damit ihr fähig werdet, euch zu vereinigen und Mich zu verherrlichen. Ihr sprecht vom Geist, doch handelt ihr nicht im Geist.*

Ihr sprecht vom Weg, aber ihr seid die ersten, die ihn versperren. – Wie wenig kennt ihr Mich doch! ... Ihr ruft laut Meinen Namen, doch ihr mordet Meine Kinder zwischen dem Allerheiligsten und dem Altar. Ich sage euch feierlich, all das wird am Tag des Gerichts vorgebracht werden. Könnt ihr Mir dann ins Gesicht sehen und aufrichtig sagen: „Ich bin mit Meinen Brüdern versöhnt"? Könnt ihr wahrhaft sagen: „Ich habe keinen Unterschied gemacht unter den Brüdern, Brüder unter Deinem heiligen Namen. Ich habe sie wie meinesgleichen behandelt"? Wenn ihr euch Mir gegenüber verteidigt, sage Ich euch ins Gesicht: „Weg mit euch! Ihr habt eure Brüder nicht wie euresgleichen behandelt! Ihr habt Tag für Tag Meinen Leib massakriert. Wo ist euer Sieg? Während Ich aufbaute, habt ihr niedergerissen; während Ich sammelte, habt ihr zerstreut; während Ich einigte, habt ihr getrennt!" Doch auch heute noch könnt ihr zu Mir kommen, so wie ihr seid. Ich will euch heilen und euch umwandeln, und ihr werdet Mich verherrlichen.

„Wehe den Frauen, die in jenen Tagen schwanger sind oder ein Kind stillen." – Schreibe (Jesus erläutert diesen Vers Lk 21, 23)*: Wehe jenen, die in sich die Sünde tragen wie Frauen ein Kind, und Abkömmlinge haben, die von ihresgleichen sind. Es steht geschrieben, daß „aus eurer Mitte Männer auftreten*

werden, die mit falschen Reden die Jünger auf ihre Seite ziehen (Apg. 20, 30). ***Ich rufe laut in dem Bemühen, durch die Wand eurer Taubheit zu stoßen, um euch zu retten, und wenn Ich euch Vorwürfe mache, dann geschieht dies aus Liebe – und diese Liebe, die Ich für euch habe, ist groß.***

Aber Ich sage euch wahrlich: Ich werde eines Tages alle die getrennten Teile Meines Leibes zusammenführen zu einem untrennbaren Ganzen. Weint nicht, Meine Freunde! (Jesus spricht hier jene an, die Ihn wahrhaft lieben und wirklich und ehrlich an der Vereinigung der Kirchen arbeiten; Er nennt sie Seine Freunde.) ***Ihr, die ihr Mich liebt, erduldet, was Ich erdulde, doch tröstet Mich und schenkt Mir Glauben. Ihr werdet in Meinem Namen große Werke vollbringen. Seid duldsam, wie Ich duldsam bin. Ich war hungrig, durstig und oftmals am Verhungern, und ihr eiltet Mir zu Hilfe. Macht weiter mit euren guten Werken, und Ich werde euch belohnen. Ich sage euch wahrlich, ihr seid nicht allein. Ich bin mit euch. Seid in Mir vereint, und lebt in Frieden! Ihr seid die Nachkommenschaft Meines Blutes und die Erben Meines Reiches. Sagt den anderen, daß das Herz des Herrn Liebe ist und daß der Kern des Gesetzes auf Liebe beruht. Sagt Meinem Volk, daß Ich keine Verwaltungsbeamte in Meinem Hause haben möchte; diese werden an Meinem Tag nicht gerechtfertigt dastehen, denn sie sind es, die Mein Haus industrialisiert haben.***

Ich habe euch Meinen Geist gesandt, damit er in euren Herzen wohne. Und deshalb wird der Geist, der in euch lebt, euch zeigen, wie Meine Kirche in euren Herzen neu aufgebaut wird und wie ihr jeden anderen als euren Bruder in euren Herzen anerkennen sollt. – Werde Ich, Bruder, eine weitere Jahreszeit hindurch den Schmerz ertragen, den Ich Jahr für Jahr aushalten mußte? Oder werdet ihr Mir diesmal Ruhe gönnen? Werde Ich noch eine Jahreszeit hindurch den Kelch eurer Spaltung trinken müssen? Oder werdet ihr Meinem Leib Ruhe schenken und um Meinetwillen das Osterfest einheitlich feiern? (Das sprach mein Jesus mit der Stimme eines Opfers, matt und bettelnd, als sei Er abhängig von uns; wie ein Sträfling in einer Zelle, der zur Zellentür tritt und den Wärter durch das kleine Fenster hindurch fragt, wie lange seine

Haft noch dauere, bis er frei werde.) ***Indem ihr euch über das Datum von Ostern einigt, werdet ihr Meine Pein verringern, Brüder, und ihr werdet in Mir frohlocken und Ich in euch; und Ich werde vielen die rechte Sicht wiedergeben. „Mein Geliebter! Mein Schöpfer! Er, der mein Gemahl ist, hat uns Dinge geoffenbart, die keines Menschen Hand jemals vollbringen könnte!" Das werdet ihr in Meinem Namen hinausrufen, wenn eure Sicht wiederhergestellt ist – und Ich werde zu euch kommen.*** (Das sagte Jesus wie ein König, majestätisch.)

Ich sage euch feierlich: Ruft alle zusammen, versammelt euch allesamt und hört diesmal auf euren Hirten: Ich werde euch auf dem Weg führen, den ihr gehen müßt. Verbreitet Meine Botschaft bis an die Enden der Erde. Mut, Tochter, und lächle, wenn Ich lächle. Ich bin bei dir, um deine Schritte gen Himmel zu lenken.

ΙΧΘΥΣ

Unsere beiden Herzen

... ihr habt nicht auf Unsere beiden Herzen gehört, das unbefleckte Herz Meiner Mutter und Mein heiligstes Herz ... ihr habt nicht begriffen. Unsere Herzen – wie zwei Olivenbäume, einer zur Rechten und einer zur Linken – bemühten sich so viele Jahre, euch wiederzubeleben ...

24.12.1991 (Heiligabend)

Mein Herr?

Ich bin es, stütze dich auf Mich, Kind.

Ich schaute mit den Augen meiner Seele Jesu heiligstes Antlitz. Sein Blick glich dem eines Kindes, das einen mit großen, unschuldigen Augen ansieht.

Gewaltig viel gilt es wiedergutzumachen, um die Wunden dieser Erde vernarben zu lassen – Wunden und Verletzungen, welche Bosheit und Sünde verursacht haben. – Erfreue die Augen deines Heilands und entfalte dich. Laß Meine Bot-

schaft so gewinnend reich werden, so ungeheuer groß und für sich selbst sprechend, daß alle Bosheiten, Gleichgültigkeit und Gottesferne davon ergriffen werden und tiefe Reue zeigen.

Kind! Halte dich fest am Saum Meines Gewandes und dehne dich immer noch mehr aus (Jesus meint: die Ausbreitung seiner dringlichen Botschaft voranzutreiben, die Reichweite zu vergrößern), ***von einem Ende der Erde zum anderen. Tritt ein in Meine Heiligtümer, wenn sie dich darin willkommen heißen. Wenn man dir keinen Zutritt gewährt, dann laß dich dadurch nicht betrüben, laß dich nicht traurig stimmen, verzage nicht. Die dich zurückgewiesen haben, werden sich in den Tagen der Läuterung an die betreffende Begebenheit unter Tränen zurückerinnern und die Szene der Abweisung vor Augen haben. Sie werden erkennen, daß es Unsere göttlichen Herzen waren, die sie abwiesen, und nicht du. Unsere beiden Herzen nämlich waren es, die ihnen weissagten. Tochter, folge Meinen blutigen Fußstapfen, und sprich Meinen heiligen Namen in jeder Zusammenkunft aus. Die Zeit ist gekommen, wo du nicht mehr zögern sollst. Pflanze überall Weingärten, und wo du nur kannst, verwandle die Wüsten in Gärten; Ich habe Meine Botschaften gesegnet, damit sie keimen und Wurzel schlagen. Also fasse Mut, Tochter!***

Plötzlich fühlte ich, wie mich ein »Schwert von Feuer« durchdrang, und ich schrie laut: Herr! Ich vermisse Dich!

Du vermißt Mich, weil du Meine Glorie schautest ... Schreibe: Zitadelle um Zitadelle wird vom Rebellen belagert. Ich komme heute und biete der ganzen Menschheit Meinen Frieden an, doch nur wenige hören her. Ich komme heute mit Friedensworten und einer Botschaft der Liebe, doch der Friede, den Ich anbiete, wird von der Erde geschmäht, und die Liebe, die Ich ihnen schenke, wird sogar an diesem Vorabend Meiner Geburt verspottet und verhöhnt. Die Menschheit feiert diese Tage ohne Meinen heiligen Namen. Mein heiliger Name ist abgeschafft worden, und sie betrachten den Tag Meiner Geburt als einen großen, müßigen Ferientag, an dem sie Götzen verehren. Satan ist in die Herzen Meiner Kinder eingedrungen, da er sie schwach und schlafend vorfand. Ich habe die Welt gewarnt. In der Fatima-Botschaft

heißt es, daß Ich an Meinem Tag die Sonne schon am Mittag untergehen und die Erde am hellichten Tag verdunkeln lasse. Ich werde dem Drachen gestatten, dieses sündige Geschlecht zu schnappen und in ein Feuer zu werfen, wie es die Welt nie zuvor gesehen hat oder je wieder sehen wird, damit ihre unzähligen Verbrechen verbrannt werden.

Ihr werdet fragen: „Werden dann alle Bewohner zugrunde gehen, die Guten mit den Schlechten?" Ich sage euch: Die Lebenden werden die Toten beneiden. Von zweien wird einer hinweggenommen. Einige werden fragen: „Wo bleiben Elias und Moses, die kommen sollen?" Ich sage euch, euch übelgesinnten Menschen: Wir (Christus meint hier die beiden Herzen, welche die beiden Zeugen in der Offenbarung sind; vgl. Offb 11, 3-13 und Sach 4, 1-14) *haben keineswegs die ganzen Jahre hindurch in Gleichnissen geredet. Elias und Moses sind schon gekommen, nur ihr habt sie nicht erkannt, sondern seid mit ihnen umgegangen, wie es euch paßte. Ihr habt nicht auf Unsere beiden Herzen gehört – das unbefleckte Herz Meiner Mutter und Mein heiligstes Herz. Du treulose Generation ... Unsere beiden Herzen haben zu euch nicht in Parabeln und auch nicht in Rätseln gesprochen. Alle Unsere Worte waren Licht, und Unsere Herzen sind wie zwei Leuchter, die beieinander stehen und helles Licht verbreiten, so daß jeder es sehen kann.*

Aber ihr habt nicht begriffen. Unsere Herzen, wie zwei Olivenbäume (vgl. Offb 11, 4 und Sach 4, 3), *einer zur Rechten und einer zur Linken, haben so viele Jahre hindurch versucht, euch wiederzubeleben. Sie waren wie zwei Ölzweige, die Öl geben* (vgl. Sach 4, 12), *Öl zur Heilung eurer kranken Generation und damit eure Wunden vernarben. Doch eure Generation behandelte Unsere beiden Herzen so, wie es ihnen gefiel. Unsere beiden Herzen sind gesalbt* (vgl. Sach 4, 14), *und sie sind lebendig. Sie sind wie ein scharfes, zweischneidiges Schwert* (vgl. Offb 1, 16). *Sie weissagen euch, doch dieser Aufruhrgeist, der in dieser Generation steckt, kreuzigt von neuem Mein Wort, das zweischneidige Schwert* (Anspielung auf Offb 11, 8-10). *Unsere beiden Herzen, die heute zu euch sprechen, werden von ihr abgelehnt, wie Sodom und Ägypten Meine Botschafter abgelehnt haben. Die Verstocktheit dieses*

Zeitalters ist noch größer als die des Pharao, weil ihr Wissen zum Schlachtfeld für Meine Weisheit geworden ist (Anspielung auf Offb 11, 7).

In der Tat, Unsere beiden Herzen sind den Menschen dieser Welt zur Plage geworden (vgl. Offb 11, 10)***, aber bald, nun schon sehr bald, wird Meine Stimme wieder zu hören sein. Ich werde euch mit Donner und Feuer heimsuchen. Die Gerechtigkeit naht, und Unsere beiden Herzen, die ihr bekämpft habt, werden am Ende siegen*** (Anspielung auf Offb 11, 11). ***Dann wird die Herrschaft über die Welt zu Meinem Reiche gehören*** (vgl. Offb 11, 15).

Das steht nun alles sehr nahe bevor; öffnet eure Augen und schaut umher! Ich gebe euch all die Zeichen der Zeit. Und du, die du dich mühst, die Verehrung der beiden vereinten Herzen bekannt zu machen, du sollst nicht mutlos werden. Das Buch der Apokalypse spricht ebenso wie das Buch des Sacharja von dieser Wahrheit. Fürchte dich nicht, verbreite diese Verehrung voll Vertrauen und Mut!

Mein Heiliger Geist

... glücklich ist der Mensch, der sein Herz Meinem Heiligen Geist öffnet. Er wird wie ein Baum sein, der am Wasser gepflanzt ist und zu jeder Jahreszeit neue Früchte trägt ...

5.10.1992

Vater, früher, bevor Deine Majestät das Gedächtnis meiner armen Seele wiederbelebte, hatte ich vergessen, wer mich gemacht hatte. Im nächsten Moment, als Du mein Gedächtnis wiederherstelltest, batest Du mich, meine Augen zum Himmel zu erheben. Da schien ein Lichtstrahl auf mich herab, und wie ein verzehrendes Feuer blieb Dein Geist auf mir. Wahres Licht, unerschöpflicher Reichtum, Du bist ehrfurchtgebietend und unwahrscheinlich groß. Wie könnte ich Dich nicht loben und Dir nicht danken, Du zärtlichster Vater, daß Du Deinen Geist auf meiner armseligen Seele ruhen und Deinen Geist eins mit mir werden ließest?

Friede sei mit dir! Ich bin es, Jahwe, dein ewiger Vater, der, der dich mit Weisheit lehrte. Ich bin der Heilige, der sich dir in deinem Elend näherte und dich heilte. Ich sprach zu dir, während du schliefest, und von da an, als die Schuppen von deinen Augen gefallen waren, hast du das Licht gesehen. Ich habe dich gelehrt, Tochter, Mich nicht zu fürchten, sondern Mich nur zu fürchten, wenn du Mich ablehnst und gegen Mich rebellierst. Ich habe dich gelehrt, dich vertrauensvoll in Meiner Gegenwart aufzuhalten. Ich habe dir Meine unendliche Zärtlichkeit und väterliche Liebe gezeigt, die Ich für jeden von euch empfinde. Ich selbst habe deine Sünden mit den Wurzeln ausgezogen, und an ihre Stelle habe Ich auf den nun freien Platz Meine Gnaden gepflanzt. Obwohl deine Seele wie angesengt hochsprang, mußte Ich Meinen Weg in deiner Seele weitergehen und alle Rivalen stürzen und beseitigen, die mit dir zusammenlebten. In Meiner eifernden Liebe vertauschte Ich jene Rivalen mit reichlicher Frucht, und fortan wurde Ich dein Tischgefährte, deine Freude.

Hör jetzt zu, Meine Tochter, Meine Angehörige, schreibe und sage Meinen Kindern folgendes: Aus den Tiefen Meines Herzens rufe Ich euch alle! Selig sind die, die Ohren haben zu hören. Wenn Meine Propheten nicht wären, könnt ihr Mir sagen, wer dann das Kommen Meines Sohnes vorausgesagt hätte? Wenn ihr sagt, ihr lebt nach der Wahrheit und in Meiner Liebe, wie kommt es dann, daß eure Generation heute Meine Propheten ausschaltet und sie verfolgt, gerade so wie eure Vorfahren es getan haben? Aus Meiner unendlichen Barmherzigkeit heraus wird gerade eine Stadt für Mein eigenes Volk wiederaufgebaut. Wird diese erneuerte Stadt auf dem Blut jener wieder erbaut, die ihr immerwährend verfolgt? Ich sende heute mehr als jemals zuvor Meinen Heiligen Geist, um euch zu erneuern. Doch wie lange wird diese Generation noch Meinem Heiligen Geist Widerstand leisten? Sagt Mir, kann ein Leib ohne Herz leben? So lernt, daß Mein Heiliger Geist das Herz jenes Leibes ist, der Meine Kirche ist.

Lernt, daß Mein Heiliger Geist der Atem der Kirche ist, der wesentliche Kern des Eifers, der Begeisterung für Mich, euren Gott. Mein Heiliger Geist ist das süße himmlische Manna, das die Armen ernährt.

Glücklich ist der Mensch, der sein Herz Meinem Heiligen Geist öffnet: Er wird wie ein Baum sein, der am Wasser gepflanzt ist und zu jeder Jahreszeit neue Früchte hervorbringt, mit Blättern, die nie welken, sondern Heilwirkung haben. Glücklich ist der Mensch, der sein Herz Meinem Heiligen Geist öffnet, gleich einem kristallklaren Bach wird Mein Geist wie ein Strom in seinem Herzen fließen und ihn erneuern, denn überall wo dieser Strom fließt, sprießt neues Leben und Freude. Habt ihr nicht gelesen: Der Strom des Lebens, der aus Meinem Thron entspringt und aus dem Lamm, wird mitten durch die Straße der Stadt fließen? Mein Heiliger Geist wird vor bösartigen Seelen zurückschrecken, aber den Unschuldigen, den Armen und den Einfachen wird Er sich offen zeigen. Mit großer Freude wird Mein Heiliger Geist diese Seelen umhüllen und ihr heiliger Gefährte und Führer werden. Und wenn sie gehen, wird ihr Gang unbehindert sein; wenn sie laufen, werden sie nicht stolpern; und sollten sie tödliches Gift trinken, so wird es ihnen nichts anhaben können. Sollten sie eine Legion Dämonen auf ihrem Weg treffen, werden sie unversehrt daran vorbeigehen.

Mein Heiliger Geist wird sie den Wohlgeruch lehren, der von Mir ausgeht, und die Tiefen Meiner ewigen Liebe. Mein Heiliger Geist wird die Schuldlosen nehmen und einen Pakt der Liebe und des Friedens mit ihnen schließen, damit sie tauglich und Seine Partner werden. Mein Heiliger Geist wird sie aufheben und tragen. Wie ein Bräutigam seine Braut über die Schwelle trägt, so wird auch Er sie hinter die Mauern des Heiligtums tragen, wo unergründliche Reichtümer und Geheimnisse liegen, Geheimnisse, die kein Auge je gesehen hat. Und wie ein Bräutigam, der seine Braut mit Juwelen schmückt, wird auch Er sie mit großartigen Kenntnissen schmücken, um an Thron und Zepter Freude zu haben. Oh, was wird Mein Heiliger Geist nicht alles für euch tun! Mein Heiliger Geist ist die Würze eures Lebens, die königliche

Krone der Pracht und Größe, das Diadem der Schönheit, das von Meinem Munde ausgeht, der strahlende Glanz des Lebendigen, die geheime Offenbarung eurer Schöpfung. Mein Heiliger Geist ist das Aroma eurer Predigten in Meinen Versammlungen und die Erfüllung eurer Zeit ...

Er ist das brennende Feuer in euren Herzen und die intuitive Erkenntnis Meiner Geheimnisse. Mein Heiliger Geist ist das Thema, wenn ihr Mich lobt. Er offenbart euren Herzen, daß Ich bin, der Ich bin. Er ist es, der eurem Geist enthüllt, daß Ich euer Abba bin und daß ihr wirklich Meine Abkömmlinge seid, Mein Same ... Gesegnet sind die, die reinen Herzens sind: Sie werden Mich sehen. Freut euch und frohlockt, und tut euch auf, um Meinen Heiligen Geist zu empfangen, damit auch ihr euch freuen und Meine Stimme hören könnt! Öffnet eure Herzen, und ihr werdet Meine Herrlichkeit sehen; und wie ein trostbedürftiges Kind wird Mein Heiliger Geist euch trösten, denn Seine Liebe zu euch übersteigt jede menschliche Liebe.

Ich, der Schöpfer des Himmels und der Erde, sage euch, Mein Heiliger Geist ist der Bräutigam der Braut, von ihr, die das Kind in ihren Armen hielt, das euch retten und erlösen sollte, und durch den, durch Sein Blut, ihr die Freiheit und Vergebung eurer Sünden erlangen solltet. Er ist der Bräutigam derjenigen, die Er wie einen umschlossenen Garten fand, der die seltensten Substanzen der Tugenden enthielt, eine versiegelte Quelle, die lieblichste unter den Frauen, die wie in Reinheit gebadet war wegen ihrer einzigartigen Vollkommenheit. Mein Geist kam über sie und bedeckte sie mit Seinem Schatten und verherrlichte Mich, indem Er sie zur Mutter Gottes machte, zur Mutter der ganzen Menschheit und zur Himmelskönigin. (Ich möchte bemerken, daß, als der Vater mir diesen Abschnitt über unsere heilige Mutter diktierte, ich, wenn Er nicht Gott wäre, gesagt hätte, Er war begeistert, so groß war Seine Freude.)

Solcher Art ist der Reichtum Meines Heiligen Geistes ... Ich gieße Meinen Heiligen Geist über euch alle aus, jetzt ... heute ... Ich, Jahwe, der Allmächtige, sage euch: Ich gebe euch

allen dieses Geschenk, um euch zu retten, weil Ich euch so unermeßlich liebe. Die Liebe und Treue kommen jetzt zu euch hinab; Ich, Jahwe, neige Mich vom Himmel hinab und umarme euch alle. Meine rettende Hilfe wird euch von oben angeboten.

Wollt ihr das von Mir gegebene Gesetz befolgen? Wollt ihr Mir eure Seele anvertrauen? Sagt nicht, daß Mich euer Elend nicht berührt und daß Ich auf eure Gebete nicht reagiere. Wenn die Flammen an euren Ländern züngeln und Feuer eure Völker verzehren und wenn die Erdenbewohner die Ungnade des Todes schmecken, so ist das alles eurem großen Glaubensabfall zu verdanken. Ihr habt Meinen Heiligen Geist gemieden. Er hätte euch in Gnaden gekleidet, Er, der eure Seele und euren Leib dazu gebracht hätte, vor Freude zu springen und Mir, eurem Gott, zu singen. Aber ihr habt es vorgezogen, heimatlos, erschöpft, an den Bettelstab gebracht und vaterlos zu werden und heute im Schatten des Todes dahinzuschwinden. Wie leid ihr Mir tut ...

O Generation! Wie lange könnt ihr Mir noch trotzen? Meine Liebe erfüllt die Erde, Meine Aufrufe füllen die Münder Meiner Gesandten, und obwohl Ich in tiefem Kummer und Schmerz bin und Meine Gerechtigkeit jetzt überläuft, kann Ich Mich noch erweichen lassen und kann Ich eure Huldigung annehmen, die ihr Mir darbringen würdet. Ich bin bereit, euch zu vergeben wegen des Opfers Meines Sohnes und dem Blut, das Er vergossen hat, wenn ihr Meine Worte zu Herzen nehmt. Bald, jetzt schon sehr bald, wird Mein Heiliger Geist mit solcher Kraft über euch wehen, daß es an den vier Enden der Erde laut zu hören ist, als eine Mahnung an alle Bewohner der Erde. Und dann werden plötzlich beim Klang des Atems Meines Heiligen Geistes die Völker der Erde alle zusammen in tiefer Anbetung niederfallen vor Mir, dem Herrn, dem Allmächtigen, dem Höchsten. Und schließlich wird sich das Volk vor dem Thron des Lammes tief verbeugen und den Segen vom Thron empfangen. Und nun frage Ich, der Ich euch erschaffen und geformt habe: Werde Ich euren Ruf der Reue zu hören bekommen?

Eine Warnung

... Haben sie die Worte Versöhnung, Frieden, Liebe und Einheit verstanden? Wenn Schwefel und verzehrende Flammen kommen – und sie sind euch jetzt sehr nahe – werden sie lernen, daß ich einen Propheten unter sie gesandt hatte ...

13.12.1992

Vater unser, der Du bist im Himmel, geheiligt werde Dein Name ... Unser Vater, dessen Liebe sich in dem Geringsten von uns offenbart, erbarme Dich über Deine Schöpfung! Als Geschenk hast Du uns unsere Freiheit gegeben, mit der wir machen können, was wir wollen, doch wir haben unsere Freiheit mißbraucht. Sie ist für uns wie eine Rasierklinge in der Hand eines Kindes, und wir hacken uns selbst zu Tode ... Oh komm doch! Und wende unsere Aufmerksamkeit Deinem heiligen Namen zu, sonst schneiden wir uns selbst in Stücke! In dieser gefährlichen Lage rufe ich Dich an, allmächtiger Gott! Wirst Du uns retten, oder wirst Du Dich vor meiner Bitte verstecken?

Tochter, du bist verantwortlich für Meine Botschaft, und Ich habe dich in der Welt von Nation zu Nation geschickt, um die Menschen zur Reue aufzurufen und die Wildnis zu verkleinern. Ja, die Menschenmengen drängen sich um dich. Sie haben gehört, daß der Ich-bin-es spricht, und ein Volk nach dem anderen redet über dich. Man sagt zueinander: „Laßt uns gehen und hören, was Gott sagt." Sie kommen zu Tausenden, setzen sich vor dich und hören dir zu, aber wer richtet sich nach deinen Worten? Was sie anbetrifft, so bist du wie ein wunderschön zur Musikbegleitung gesungenes Liebeslied. Sie sind begeistert von deinen Worten, aber wer von ihnen setzt Meine Botschaften in die Praxis um? Hat man die Worte Versöhnung, Friede, Liebe und Einheit wirklich verstanden?

Wenn Schwefel und verzehrendes Feuer kommen werden – und dies ist euch heute sehr nahe – wird man erfahren, daß Ich einen Propheten zu ihnen gesandt hatte. Von Anfang an hatte Ich euch Meine Gebote gegeben. Ich hatte euch gebeten,

Mich, euren Herrn, zu lieben mit ganzem Herzen, mit ganzer Seele und mit eurem ganzen Gemüt. Heute bitte Ich euch, Mir zu erlauben, eure Seelen anzurühren, damit eure Herzen fähig werden, Mich zu loben und zu preisen und Mir zu sagen, daß weder Tod noch Leben, keine Engel, keine Fürsten, nichts Existierendes, weder Zukünftiges noch irgendeine Macht, weder Höhen noch Tiefen noch irgend etwas Geschaffenes jemals zwischen euch und eure Liebe zu Mir kommen wird.

Ich bin eure Festung. Ihr sollt wissen, daß Meine Liebe sogar den allerletzten von euch gezeigt wird. Sucht eure Errettung nicht im Licht der Welt, da ihr ja wißt, daß die Welt euch kein Leben schenken kann. Bald wird Mein und des Lammes Thron an seinem Platz stehen, und eure Seelen werden mit Meinem übernatürlichen Licht erneuert werden, denn Ich, euer Vater, beabsichtige, das Gedächtnis eurer Seelen wiederherzustellen und zu bewirken, daß eure Herzen Mir das Wort Abba – Vater singen.

Ich sage euch, ihr gehört nicht zu der Welt. Warum laßt ihr euch dann immer wieder von neuem täuschen? – Seit dem Beginn der Erde habe Ich euch bei eurem Namen gerufen, aber als Ich Frieden vorschlug, weltweiten Frieden, wart ihr fast alle für Krieg. Dennoch gieße Ich jetzt Meinen Heiligen Geist aus, um euch an eure wahren Grundlagen zu erinnern und daran, daß ihr alle Mein Same seid. Doch heute ist Mein Same voll mit leerem Geschwätz ...

Ich bin der Heilige, der euch zuerst in den Händen hielt. Wie lange werdet ihr noch diesen Augen widerstehen, die euch zuallererst gesehen haben? Und wie lange noch werden eure Seelen Meine besorgten Rufe zurückweisen? Viele von euch hätscheln noch im tiefsten Bereich ihrer Seelen den Greuel der Verwüstung. Könnt ihr nicht sehen, wie die Schlange euch immer wieder betrügt, genauso wie sie Adam und Eva betrogen hat? Satan redet euch immer wieder ein, und zwar unermüdlich und auf hinterlistige Art, daß ihr alle eure himmlischen Bande abbrechen sollt, die euch an Mich, euren Vater im Himmel, binden. Er hypnotisierte das Ge-

dächtnis eurer Seelen, um euch glauben zu lassen, ihr hättet keinen Vater, um auf diese Weise einen Abgrund zwischen euch und Mir, eurem Gott, zu schaffen. Satan möchte euch von Mir trennen und die Nabelschnur durchschneiden, die euch mit Mir vereint und durch die Lebensströme in euch hineinfließen.

Generation, du hast deinen Sinn immer noch nicht auf Mich gerichtet. Wann werdet ihr euch entscheiden, zu Mir zurückzukommen? Möchtet ihr die Schwelle dieses Zeitalters mit loderndem Feuer, Schwefel und verzehrenden Flammen überschreiten? Wie konnten eure Seelen Meine Herrlichkeit für eine wertlose Imitation eintauschen, die der Böse euch täglich anbietet? Bittet um euer tägliches Brot, dann werde Ich es euch geben! Warum seid ihr alle so bereit, auf die Schlange zu hören? Ihr und Ich wissen doch, daß Satan der Vater der Lügen ist. Warum hört ihr dann noch auf ihn? Ich, euer Schöpfer, bin euer Vater, und Ich rufe euch zu Mir zurück. Glaubt doch Meinen bekümmerten Aufrufen! Werden eure Seelen auch weiterhin dem Rebellen behilflich sein, oder werdet ihr geruhen, von eurem Thron herunterzusteigen und zu bereuen? Die Entscheidung liegt bei euch. – Viel Zeit gibt es nicht mehr.

Ich erinnere euch daran, euch vor den Irrlehrern und falschen Propheten in acht zu nehmen, die Verwüstung in euren Seelen anrichten und die Evangelien falsch interpretieren; denn sie sagen euch, daß der Heilige Geist nicht bei euch ist und euch nicht an eure Grundlagen und Herkunft erinnert. Sie haben schon eine Wüste aus euren Seelen gemacht und eine riesengroße Kluft zwischen euch und Mir, eurem Vater, geschaffen. Laßt sie diese Wüstenei in euren Seelen nicht noch vergrößern und euch irreleiten zu glauben, Ich hätte euch als Waisen zurückgelassen. Diese falschen Propheten haben aus Meinem Sohn, Jesus, einen Lügner gemacht und aus den Evangelien widerhallende Zimbeln, völlig leer. Aus Meinem Wort haben sie ein offenes Grab gemacht. Nehmt euch also in acht vor jenen falschen Lehrern, die euch sagen, es sei nicht möglich, daß Mein Heiliger Geist hinabsteigen kann, um in euch Wunder zu tun.

Nehmt euch in acht vor denen, die Meinen Heiligen Geist verurteilen oder verwerfen, der euch in euren Tagen mehr als jemals zuvor an eure Grundlagen erinnert. Nehmt euch in acht vor denen, die den äußeren Schein von Religion aufrechterhalten, aber deren innere Kraft ablehnen, die innere Kraft, die Mein Heiliger Geist ist.

Und wenn jemand von euch verleumdet und betrübt wird, weil er für die Wahrheit Zeugnis ablegt, dann wendet euch an eure heilige Mutter. Sie wird eure Seelen trösten und euch mit Mut ausstatten. Wenn die Welt euch eindrucksvolle Wunden zufügt, wendet euch an eure Mutter, dann wird sie eure Wunden mit ihrer mütterlichen Liebe und Zuneigung verbinden. Wie sie sich um Meinen geliebten Sohn gekümmert hat, so wird eure heilige Mutter sich auch um euch kümmern. In eurem Elend und Leid kommt sie zu euch geeilt und nimmt euch in ihr Herz, dasselbe Herz, das euren Erlöser empfing. Indem eure heilige Mutter im Himmel euch lehrt, Mich zu lieben, wird sie euch lehren, Mein Reich auf Erden zu vergrößern.

Laßt also die Liebe das Grundprinzip eures Lebens sein. Laßt die Liebe eure Wurzel sein! Erlaubt Mir, eurem Vater, euch an Mich zu binden. Erlaubt Mir, eure Seelen anzurühren. Kommt zu Mir und werft euch in Meine Arme. Was gibt es denn für ein größeres Glück, als von den Händen gehalten zu werden, die euch erschaffen haben? Haltet euer Ohr an Meinen Mund, diesen Mund, der euch Leben eingehaucht hat. Vom Staub des Bodens habe Ich euch genommen und belebt, damit ihr die Erde erobert. Ich rührte euch an und bat euch seitdem, auf Mein Wort zu hören. Kommt, ihr müßt eure Herzen in Ordnung bringen und die Schandtaten aufgeben, die eure Seelen beschmutzen, und mit eurem ganzen Herzen sollt ihr Meinen Namen heiligen.

Rebellion

„... Rebellion ist bereits im Gange, aber im geheimen, und derjenige, der sie zurückhält, muß zuerst beseitigt werden, ehe der Rebell offen erscheint ...“

17.3.1993

Der Friede sei mit dir! Mein Kind, du sollst Meine Kinder all das lehren, was Ich dir gegeben habe. Fürchte dich nicht, denn Ich gehe vor dir her und bin dein Schutzschild. Niemand wird sich jemals zwischen Mich und dich stellen, sooft es der Böse auch versucht. Obwohl Satan Menschen mobilisiert, um dich zu behindern, und obwohl er sie auch veranlaßt, gemeinsam gegen dich mit Gewalt vorzugehen, fürchte dich niemals. Ich bin der Allmächtige, und Meine Augen bezeugen das Unrecht, das dir angetan wird. Geliebte, Ich werde dich mit Meiner Kraft erfüllen, und Ich werde allen Meinen Kindern Brot in Hülle und Fülle geben.

Ich werde euren Eifer für Mein Haus entfachen, um Meine Feinde zu vernichten. Ich werde euch zu einer Bedrohung für sie machen. So fürchtet euch niemals, denn der Ich-bines steht vor euch. Mein Segen ruht auf euch, und jede Faser eures Herzens wird mit Mut, Kraft und Frieden bedeckt sein. Auf diese Weise werdet ihr am vollkommensten für die Rettung der Seelen und für die Erneuerung Meines Hauses sühnen. Erhebe deine Stimme ohne Furcht und prophezeie! Prophezeie, Mein Kind, um die Bosheit in so vielen Herzen auszulöschen! Jene, die Ohren haben, laß sie hören, was der Geist heute den Kirchen sagt! Laß alle, die durstig sind, kommen!

Schreibe und sage Meinen Priestern folgendes: „Die Rebellion ist bereits im Gange, aber im geheimen, und derjenige, der sie zurückhält, muß erst beseitigt werden, bevor der Rebell öffentlich erscheint“ (2 Thess 2, 7). ***Ich sage euch, liebt Meine Kirche. Und so wie Ich sie liebe und Ich Mich selbst für Meine Kirche opferte, um sie gänzlich heilig zu machen, so sollt auch ihr, Meine Priester, euch selbst für sie opfern.***

Ahmt Mich nach! Ich sage euch all das, und Ich weiß, daß Meine Schafe, die zu Mir gehören, auf Meine Stimme hören und Mich niemals verlassen werden. Ich wende Mich heute an euch, um euch aus dem Innersten Meines Herzens dieselben verbitterten Worte zu sagen, die Ich beim letzten Abendmahl an Meine Jünger richtete: „Einer, der mit Mir am Tisch sitzt, rebelliert gegen Mich. Ich sage dies jetzt zu euch, bevor es geschieht, damit ihr, wenn es geschieht, glaubt, daß Ich es bin, der heute spricht."

Meine kleinen Kinder, seid nicht beunruhigt in euren Herzen, vertraut Mir und habt keine Angst. Bald wird eine Feuertaufe von Meinem Vater gesandt, um die Verbrechen dieser Welt zu verbrennen. Die Stunde wird kommen, wo Menschen, die an der Macht sind, in Mein Heiligtum eindringen, Menschen, die nicht von Mir kommen. In der Tat, diese Stunde ist bereits da. Ich, Jesus Christus, möchte Meine Priester, Bischöfe und Kardinäle warnen. Ich möchte Mein ganzes Haus vor einer großen Drangsal warnen. Meine Kirche nähert sich einer großen Drangsal.

Erinnert euch daran, Ich habe euch durch Meinen heiligmachenden Geist erwählt, um Mich zu verherrlichen. Ich habe euch von Anfang an erwählt, die starken Säulen Meiner Kirche zu sein und durch den Glauben in der Wahrheit zu leben. Ich habe euch erwählt, um an Meiner Glorie teilzuhaben und Meine Lämmer zu hüten. Ich sage euch ernsthaft, daß ihr bald eine Feuerprobe zu bestehen habt. Betet und fastet, so daß ihr nicht auf die Probe gestellt werdet. Bleibt standhaft und bewahrt die Traditionen, die euch gelehrt wurden. Gehorcht Meinem Papst (Johannes Paul II.), *egal was geschieht. Haltet treu zu ihm, und Ich werde euch die Gnade und die Stärke geben, die ihr braucht. Ich betone eindringlich, ihm treu zu bleiben und euch von jedem fernzuhalten, der gegen ihn rebelliert. Vor allem, hört niemals auf jene, die ihn ablehnen. Laßt eure Liebe zu ihm niemals unaufrichtig werden.*

Bald werdet ihr mit einer Feuerprobe konfrontiert werden, wie ihr sie noch nie erlebt habt. Meine Feinde werden versu-

chen, euch mit heimtückischen Reden für sich zu kaufen. Der Böse ist bereits am Werk, und die Zerstörung ist nicht mehr fern von euch. Der Papst (Johannes Paul II.) ***wird viel zu leiden haben, und zwar, weil ihr alle verfolgt werdet, die ihr die Wahrheit verkündet und Meinem Papst gehorsam seid. Und deswegen werden sie euch auch hassen, denn ihre Taten sind böse, und tatsächlich haßt jeder, der für das Böse arbeitet, das Licht und meidet es, aus Angst, seine Taten der Zerstörung könnten aufgedeckt werden. Ich sage euch ernsthaft, daß jede Faser Meines Herzens zerrissen ist.***

Falls euch jemand begegnet mit einer anderen Lehre als der, welche Ich selbst eingesetzt habe – hört nicht auf ihn. Diese Leute kommen vom Betrüger. Ich habe Mein Fundament auf Petrus, den Fels, gelegt ... und die Pforten der Unterwelt werden ihn nicht überwältigen ... Falls euch irgend jemand begegnet und euch sagt: „Laß ab von der Treue zu diesem Papst und gehe zu einer anderen, vernünftigen Bewegung!" – geht nicht davon ab! Hütet euch davor! Das Gift des Betrügers kann kraftvoll sein und gut schmecken, aber in Wirklichkeit ist es tödliche Täuschung! Erlaubt niemandem, euch zu betrügen. Leistet den Taktiken des Teufels Widerstand! Denn heute, Meine Priester, werdet ihr das Böse mit der Kraft besiegen müssen, die ihr von Mir erhaltet, der Ich die Wahrheit bin. Ihr werdet wie nie zuvor in einem geistigen Krieg sein mit einer Armee, die von den Mächten der Finsternis ausgeht.

Betet ohne Unterlaß, Meine Geliebten. Der Ich-bin-es ist mit euch! Ich liebe euch alle. Niemand hat eine größere Liebe, als wer sein Leben für seine Freunde gibt, wie Ich es getan habe. Ihr seid Meine Freunde. Seid aufrichtig zueinander! Liebt einander und seid standhaft ohne Angst, wenn die große Drangsal kommt, die jetzt wie eine schwarze Wolke über Meinem Haus schwebt, es dann wie ein schwarzer Schleier bedecken wird. Ich habe euch all dies jetzt gesagt, bevor es geschieht, damit ihr glauben könnt, wenn es geschieht.

ΙΧΘΥΣ

Rebellion und Traditionen

... einer, der unter Meinem Dach wohnt, verrät Mich ...

... sie zerreißen Meine Traditionen, um sie durch Tand und menschliche Lehren zu ersetzen ...

... sage ihnen, daß der Gott, den sie vergessen haben, sie nicht im geringsten vergessen hat ...

27.5.1993

Friede sei mit dir! Ich bin das Alpha und das Omega. Bleibe in Mir, damit du Meine Botschaft so klar verkünden kannst, wie du es eigentlich solltest. Laß Mein Wort sich einsetzen, laß alle Meinen Aufruf hören und verstehen, wie sehr Ich sie liebe. Laß sie wissen, daß Meine fünf Wunden weit offen sind. Die Menschen haben eine unendliche Fähigkeit, Mich zu verraten und zu schlagen ... Ich muß dir mit Kummer und Schmerz in Meinem Herzen all das erzählen, was Ich in Meinem eigenen Haus sehe: Heute trampelt der Tyrann schon auf Meinem Leib herum und möchte Mein ewiges Opfer völlig abschaffen. Einer von ihnen, der unter Meinem Dach lebt, verrät Mich. Er redet von Frieden, aber erstrebt nur Böses. Er räuchert Weihrauch, aber nur, um Satan aufzufordern, mehr Macht zu gewinnen.

O Herr! Ich kann kaum glauben, daß das jetzt geschieht ...

Und doch geschieht es; du scheinst nicht zu verstehen ... er und sein Gefolge sind entschlossen, sich selbst auf Meinen Thron zu setzen und die Welt in Prophetengewändern zu regieren, und ach! ... so viele von Meinen Hirten werden durch ihre falschen Lehren und ihre Irrtümer in die Irre geführt. Sie verlassen den richtigen Weg und irren ab, um einer Tradition zu folgen, die nicht von Mir kommt. Sie geben die heiligen Regeln preis, die Ich ihnen gegeben hatte. Ich habe euch vor diesen falschen Lehrern und falschen Propheten gewarnt; Ich hatte euch warnend darauf hingewiesen, daß in den letzten Tagen Babylon im Herzen Meines Heiligtums aufgerichtet wird und Mein heiliger Ort in eine

Diebeshöhle verwandelt wird, in einen Schlupfwinkel von Teufeln!

O Tochter! ... Eine Hütte, in der jeder schlechte Geist bleiben und regieren kann ... Sie sind damit beschäftigt, in Meinem eigenen Hause Handel zu treiben. Diese Händler werben innerhalb Meines eigenen Hauses für ihre eigene Sache und umgarnen dabei den Lebenswandel Meines Volkes. Sie stellen Meinen Propheten nach, sie bringen Meine Sprachrohre um und verschonen ihre eigenen falschen Propheten, die ihre Ketzereien und Irrlehren verbreiten! Sie bringen vor der Welt Schande über Meine Propheten, indem sie die Welt belügen, die ja so gerne zuhört, wenn beleidigt und verleumdet wird. Sie zerreißen Meine Traditionen, um sie durch Tand und Menschenlehren zu ersetzen. Und all diese Dinge tun sie vor Meinem Thron ... Diese Händler täuschen viele mit Scheinargumenten. Sie setzen ihre eigenen Leute auf die besten Positionen, um mit dem Zepter der Falschheit zu regieren.

Ich habe dich dazu berufen, Mein Echo zu sein; geh also und verkünde, was du gehört hast. Sag ihnen, daß ihr alle jetzt in der Zeit des großen Glaubensabfalls lebt, der vorhergesagt war. Sag Meinen Hirten, sie sollen ihre Augen und Ohren für Meine besorgten Rufe öffnen, denn bald werden sie gezwungen werden, Gift zu essen und zu trinken. Ruft eure Gemeinschaften zusammen und macht sie bereit für Nachtwachen mit Gebet und Fasten. Satan ist auf dem Weg, jeden einzelnen auf die Probe zu stellen. Er kommt, um euch alle zu zerstreuen und zu entzweien. Er ist auf dem Weg zu Meinem Thron in Meinem Tabernakel, um Mein Blut zu verkaufen und Mein ewiges Opfer zu entfernen. (Jesus litt so stark, daß Er weinte.) *Mein Volk ... Mein Erbe ... zu euch schreie Ich auf: Priester und Geistliche Meines Altars, ihr, die ihr Mich jeden Tag hochhebt, gebt Mich niemals auf, verkauft Mich nie ...* (mehr Tränen bei Jesus). *Man hört schon das Wehklagen der Engel, und die Himmel erzittern vor dem, was sie kommen sehen; sogar die Dämonen sind entsetzt und werden blaß ...*

Der Feind, derjenige, der beansprucht, soviel größer zu sein als alles, was angebetet wird, will sich in Meinem Heiligtum

auf den Thron setzen. Er ist auf dem Weg, und mit einer Schlinge in der Hand geht er auf den los, den Ich eingesetzt habe (den Papst: Johannes Paul II.) ***und der die Rebellion vom Ausbruch zurückhält. Besonnen und mutig ist er. Und sein Leben wird als ein Opfer ausgegossen*** (der Papst) ***... Ich segne ihn, weil er ein sicheres Verständnis für die unveränderliche Botschaft der Tradition hat. Doch Satan möchte ihn zum Schweigen bringen, um dann mit Hilfe derer, die Mein Blut verkaufen, seine*** (Satans) ***Irrlehren noch weiter verbreiten zu können und euch alle zu ruinieren. Dies ist Satans Stunde, mit niederträchtigen Motiven Meine Schöpfung zu zerstören. Schrei es heraus, Tochter, denn jener Tag ist nahe, und er*** (der Tag) ***kommt und verwüstet eine Nation nach der anderen.***

Mein Herz ist gebrochen ... Der, der die Liebe ist, fürchtete sich nicht zu sterben, also fürchtet ihr, Meine Freunde und Meine Hirten, euch auch nicht; folgt Mir! Eure Pflicht ist es, Mein Wort und Meine Kirche bis zum Tode zu verteidigen. Sagt nicht: „Laß mich erst gehen und mich von meinen Angehörigen verabschieden." Ich sage euch: „Ist die Hand erst einmal auf dem Hirtenstab, dann ist niemand, der zurückschaut, Meiner wert oder für Mein Reich geeignet." Folgt Mir in Meinen blutigen Fußspuren den ganzen Weg bis Golgota. Tochter, Meine Gesegnete, dein Tröster ist erfreut, weil du Ihn getröstet hast und weil du Ihm erlaubt hast, deine Hand zu gebrauchen. Ach ... Vassiliki, diese blutigen Tränen, die Ich täglich weine, sind verursacht von den Schandtaten, der Schlechtigkeit und der Gottlosigkeit ... (Einige Augenblicke Stille, dann schrie der Herr wieder sehr kummervoll auf.)

Zeitalter! O Zeitalter! Warum hast du deinen Gott verlassen? (Hier wendete Christus sich mir zu und sagte:) ***„Mein Engel, von Mir geformt, verletze Mich nicht, laß wenigstens Meine Hand jetzt nicht los. Einige werden dich steinigen, einige werden dich in den Dreck ziehen, einige werden ihre Fäuste gegen dich erheben und dich bedrohen, aber fürchte dich nicht vor ihnen. Du sagst, daß sie Beleidigungen über Beleidigungen und Verleumdungen über Verleumdungen über dich häufen. Ich sage dir, sie häufen lediglich Belohnung über Belohnung***

hier im Himmel für dich auf, und Segen über Segen von Mir auf deiner Stirn. Deshalb verkünde furchtlos Meine Botschaft, lege Zeugnis ab, Mein Engel, dann werde Ich wegen der Wunden, die du empfängst, über viele Seelen nicht das Urteil sprechen. Ich werde dir einen angemessenen Lohn zahlen für die Wunden, die du im Hause Meiner Freunde empfängst.

Ich habe dich ausgewählt, das Opfer Meines Leidens zu sein, der Altar, auf den Ich die Einheit lege, was kannst du noch mehr verlangen? Was könnte Ich dir noch geben, das Ich dir nicht schon gegeben habe? Die Weisheit ist dir gegeben worden, und Mein Geist ist bei dir, um dir zu helfen, die Geißel der Welt zu ertragen, und ach ... Ich habe dir die Gabe gegeben, nach Mir zu dürsten und dich nach Mir zu sehnen, eine Gabe von unschätzbarem Wert. Darum geh mit Mir und erlaube Mir, dich zu gebrauchen und dich von einer Nation zur anderen zu senden, um ihnen zu sagen, daß der Gott, den sie vergessen haben, sie nicht im geringsten vergessen hat. Erinnere sie daran, daß das Herz des Herrn Barmherzigkeit ist. Ja, sage ihnen, daß Ich sanft bin und demütigen Herzens. Jesus ist Mein Name. ic (griechische Abkürzung für Jesus Christus).

Das siebte Siegel

... Ich werde das siebte Siegel aufbrechen, und daraufhin wird eine ehrfurchtsvolle Stille eintreten ...

... plötzlich wird diese Stille unterbrochen durch das Kommen Meines Tages ...

... Seele, Meine Herrschaft wird in deinen Tagen beginnen ...

3.6.1993

Herr?

Ich bin es. Lade deine Bürde auf Mich, Mein Kind ...

Meine Ohren sind es leid, das Geheule dieser boshaften Leute zu hören, ihre bösen Zungen erfinden eine Lüge nach der anderen über mich.

Eines Tages werden deine falschen Ankläger vor Mich treten müssen ... Ich stehe dir zur Seite, hast du das nicht gemerkt? Alle ihre Anschuldigungen werden versickern wie Wasser, das in den Abfluß rinnt. Steh auf! Steh auf und lege deine Hände auf die Kranken, und Ich werde sie heilen. Sprich! und das Aussprechen Meiner Worte durch deinen Mund wird bewirken, daß ihr Geist sich in Meine Arme fallen läßt. (Ruhen im Geist. – Das ist mehrmals während der Treffen passiert.) ***Stütze dich auf Mich, Ich habe dir Meinen Frieden gegeben, bleib also in diesem Frieden. Fürchte dich jetzt nicht ... Siehe, Ich bin die Auferstehung, aber der Fürst dieser Welt ist der Tod. Klage deine Peiniger nicht an, damit nicht auch Ich dich am Tag des Gerichtes richte.***

Seele von Meiner Passion, Ich, der Herr, zeige dir die Schritte, die Ich in Meinem Leiden gegangen bin. Da du Mir dienst, mußt du Mir folgen. Möchtest du, daß Ich sage: „Folge Mir, aber nicht in Meinen Fußspuren?" Das gibt es nicht. Wer Mir dient, wird Meinen blutigen Fußspuren folgen ... Durch Meinen Finger erweckst du die Toten zum Leben (geistlich: Bekehrungen). ***Diejenigen, die Meine Wunder immer noch nicht sehen, werden von Meinem Reich einfach überholt. Meine Freundin, Meine kleine Freundin, schau doch, wie gut Ich dich mit Meinem himmlischen Manna ernährt habe. Und Ich, dein Gott, werde dich weiter ernähren; kein Mensch wird Meine Hand von deinem Mund wegstoßen. Ich werde deine Stärke sein, um Meinen Plan durch deine Schwachheit zu erfüllen. Ich bereite euch alle für Mein Reich vor. Schreibe:***

Die Welt weist heute Unsere zwei Herzen ab, das Herz eurer heiligen Mutter und Mein heiligstes Herz. Die Zeit, in der ihr jetzt lebt, ist eine Zeit der Gnade. Ich habe dir schon erklärt (siehe Botschaft vom 18.2.1993), ***was kommen wird, wenn das sechste Siegel erbrochen wird. Und nun hör Mir zu und schreibe:***

Sofort nachdem Unsere zwei Herzen ihr Zeugnis beendet haben (Ich glaube, es bedeutet, wenn die Zeit bereit ist für den Tag des Herrn. Offb 11,7), ***werde Ich das siebente Siegel öffnen, und dann wird es eine Ehrfurcht einflößende Stille geben*** (Offb 8, 1) ... ***Während dieser Stille wird die Bevölkerung der Welt glauben, sie hätte Unsere zwei Herzen besiegt, und sie wird darüber jubeln*** (Offb 11, 10) ***und das Ereignis feiern, weil sie glaubt, sie wäre Unsere zwei Herzen nun los, die durch unsere Sprachrohre Zeugnis abgelegt hatten, denn ihr Zeugnis war eine Plage für ihre Ohren und eine Plage für ihre Interessen und ihre bösen Absichten. Doch dann wird plötzlich diese Stille durch das Kommen Meines Tages gebrochen, und wehe dann den Unreinen! Wehe den Unbußfertigen und Reuelosen. Diese Wüste wird übersät sein mit ihren Leichnamen, diese Wüste, die sie selbst ausgebreitet haben.***

Mein Engel wird dann das Weihrauchfaß, mit dem er vor Meinem Thron und dem Altar gestanden hatte, mit Feuer füllen, das er auf die Erde hinabwerfen wird (vgl. Offb 8, 5). ***Und während alle zuschauen, wird es ein heftiges Erdbeben geben, und die Elemente der Erde werden Feuer fangen und zerfallen*** (2 Petr 3,12). ***Viele werden auf die Berge fliehen und sich in Höhlen und zwischen den Felsen verstecken*** (vgl. Offb 6,15), ***sie werden Mich anrufen, aber Ich werde nicht hören. Sie werden Mich herausfordern und Meinen heiligen Namen lästern und zu den Bergen und Felsen sagen*** (Offb 6,16): ***„Fallt auf uns und verbergt uns vor dem, der auf dem Thron sitzt, und vor dem Zorn des Lammes“, denn Mein Tag wird kommen, und wer kann ihn überleben? Und die Überlebenden*** (Offb 11,13) ***werden von Furcht überwältigt auf die Knie sinken und werden nur Mich, ihren Gott, preisen ... Und dann wird der neue Himmel und die neue Erde über euch kommen*** (Offb 21, 1), ***das Reich der Welt wird Mein Reich werden*** (Offb 11, 15), ***und Ich werde in jedem Herzen regieren. Die Welt, die einmal war, wird vergangen sein*** (Offb 21, 4). ***Seele, Meine Herrschaft wird in euren Tagen beginnen.***

*

Ein Lied für den Herrn

… ich kann leider nicht singen, Herr …

… dann lasse Mich, zusammen mit dir, die Worte eines Liedes niederschreiben …

11.11.1993

Friede sei mit dir! Dein Herr ist es, der spricht, und um Meines Ruhmes willen offenbare Ich Mich dir (Oft löscht der Herr mich aus und zeigt statt dessen sich selbst den Leuten.) ***und deiner Gesellschaft! Komm, komm und sing Mir ein Lied!***

Ich kann nicht singen, Herr.

Du kannst nicht singen? Dann laß Mich mit dir zusammen die Worte für ein Lied niederschreiben. Dann wird, sogar wenn du sie nur mit deinem Herzen liest, ihr Tonfall zu einer Melodie in Meinen Ohren werden. Schreib also:

> ***Komm, Immanuel, komm, mein Geliebter, komm und belebe meine Seele, komm und schenke meiner Seele Leben! O Geliebter des Vaters, geöffnet habe ich die Tür meines Herzens, werde ich lange warten müssen, bis Du in mein Zimmer kommst? Schon Dein Durchschreiten meines Herzens wird eine Spur köstlichsten Duftes von Deinem Wohlgeruch hinterlassen. Denn Deine Liebe heilt meine erbärmliche Seele. Geist der Liebe, gewähre mir nur meinen Teil Deiner Liebe. Komm, Immanuel, komm, Du Vollkommener, komm und entzücke meine Seele, denn sonst wird bittere Not mein armseliges Herz überwältigen!***
>
> ***O Geliebter des Vaters, wie schön bist Du! Sohn des Allerhöchsten, wer kommt Dir gleich? Komm und zieh mich in Deine Fußstapfen. Laß uns die Straße zusammen gehen, wir werden den Zeichen folgen, die die Hand Deines Vaters gelegt hat und die zu Seinem Garten der Wonne führen. Wir werden, mein Geliebter, mit einem einzigen Herzen und einem ein-***

zigen Sinn der süß duftenden Spur folgen, die Dein Vater für mich gelegt hat. Um mir Mut zu machen, hat Er den Weg mit Saphiren bedeckt; zu meiner Beruhigung hat Er überall auf mir mit Seinem heiligen Namen in Öl unterzeichnet.

O Geliebter des Vaters, Du, dessen Hände seit Deiner Auferstehung immer noch von reiner Myrrhe triefen, komm und entzücke meine Seele mit einem einzigen Deiner Blicke, genug, um meine Seele ruhig und still zu halten, genug, daß meine Augen sich an Deiner Gegenwart freuen. Atem meines Gartens, Brunnen meiner Seele, Quelle erhabenster Liebe, anbetungswürdig und heilig, von dem alle Fruchtbarkeit kommt, gieße Deinen Geist über die ganze Menschheit aus, zeige Deine große Liebe im Himmel und auf Erden.

O Geliebter des Vaters, Du bist vollkommen schön. Womit kann ich Dich, mein Leben, vergleichen? Mit einer Säule von Weihrauch, mit einem glänzenden Lichtstrahl, mit einem Dufthauch reiner Myrrhe? Deine Gegenwart, mein Herr, steht hoheitsvoll vor mir, und ach, als wäre ich selber Königin, erhebst Du mich, um meine Seele zu umarmen und mir zärtlich Deine Liebe ins Ohr zu flüstern: „Meine Taube, Ich bin krank vor Liebe zu dir. Vom höchsten Himmel komme Ich, um dich zu besuchen. Meine Krone habe Ich beiseite gelegt und bin von Meinem Thron gestiegen; Ich werde nicht säumen, nur noch eine kleine Weile jetzt, eine ganz kleine Weile, und der Bann wird aufgehoben. Ich werde euch erneuern, und Ich werde euch eure Göttlichkeit zurückgeben. Meine Geliebte, Ich werde euch, die ihr nach Meiner Liebe dürstet, reichlich Wasser vom Brunnen des Lebens geben. Dein König wird sich nicht ausruhen, nein, gar nicht, Geliebte Meiner Seele, nicht eher als bis du es Ihm erlaubst, dein Herz mit Seinem göttlichen Kuß zu versiegeln, einem Kuß von Seinem Munde. Hast du nicht bemerkt, wie die Sonne sich jedesmal verdunkelt, wenn du an Meiner Liebe zweifelst? Komm Mir nah, liebste Seele, und Ich werde zahllose Schätze Meines heiligsten Herzens auf dich strömen lassen. Für dich allein habe Ich sie aufbewahrt, damit deine Seele rein wie im Frühling werde und wie ein Elfenbeinturm, ein Himmel nur für Mich allein. Hast du nicht bemerkt, wie Ich dich Mir eingepflanzt habe? Laß Mich deine Stimme wieder hören ...“

Wie herrlich Du bist, Du Gesalbter, Gottes Opferlamm, umgeben von Deinen Engeln und allen Heiligen, Unwiderstehlicher, Widerschein des Vaters, dreimal heiliges Licht, Einer in Dreien, Drei in einem Licht, heller als tausend Sonnen. Wodurch werde ich für würdig erachtet, den Sohn und in dem Sohn den Vater zu sehen? – „Hast du nicht gehört, Meine Taube, daß die Niedrigen sich in Mir freuen und daß die Ärmsten in Meiner Gegenwart jubeln? Hast du nicht die Schwäche bemerkt, die Ich für die Elenden habe, und wie gern Ich die Armen unterweise?“

Mein Gott, mein Gott! Wer ist die, die da hervorkommt wie die Morgenröte, die im Dämmerlicht schimmert wie der Morgenstern? Wer ist dies, schöner als der Mond, geschmückt mit der Sonne und einem weit offenen Tor in ihrem Herzen? – „Sie ist die Königin des Himmels, sie ist Meine Mutter und deine Mutter, die lieblichste der Frauen, schön wie der Himmel, strahlend wie Meine Herrlichkeit, einzig in ihrer Vollkommenheit, die Wonne Meiner Seele. Sie ist die Frau mit den zwölf Sternen auf ihrem Haupt als Krone, das Gefäß Meiner Glorie, ein Widerschein Meines ewigen Lichts. Sie ist es, deren Gegenwart in Meinen Höfen alle anderen Sternbilder überstrahlt. Sie ist das Gefäß des wahren Lichtes, des Wortes, das Fleisch wurde und unter euch lebte. Sie ist die Gnade in der Gnade und das lieblichste Lied der Psalmisten. Sie ist der Gegenstand Meiner Freude,

Meiner Ehre und Meines Rühmens. Sie ist das Tor zum Himmel, sie ist die, die ihren Kindern zeigt, wie sie in Mein Reich kommen können. Sie ist Mein Meisterstück. Sie ist die Trösterin eures Trösters, die Miterlöserin eures Erlösers, die Braut Meines Heiligen Geistes. Tochter, Ich werde nicht ruhen, nicht eher, als bis Ich auch dich in das Haus Meiner Mutter gebracht habe, in den Raum derjenigen, die Mich empfing, um auch dir ihre Schönheit zu zeigen. Dann werden alle Geheimnisse, die dir wie ein Brunnen von Rätseln erschienen, plötzlich auch dir in Blitzesschnelle offenbart werden, Meine Geliebte; und du wirst verstehen, warum die Frau, bekleidet mit der Sonne, jetzt von Meinem Hofe zu euch allen in einem so dunklen Augenblick hinabsteigt. Laß, Meine Taube, deine Augen vorwärts schauen; deinen Blick, laß ihn geradeaus vor dir sein. Auf dem Weg, den Ich beschritt, werde Ich zurückkehren. Meine Liebe, Ich werde kommen und Mich selbst um Meinen Weinberg kümmern; Immanuel wird bei euch sein.“

... Gefällt es dir?

Sehr!

Dann lobe Mich, preise Mich und liebe Mich ...

Dein Name sei gelobt und gepriesen, die Liebe möge uns lehren, Ihn zu lieben. Mögen wir lernen, Dich mit einfachem Herzen zu suchen. Möge Dein Heiliger Geist die ganze Welt erfüllen. Laß keine Deiner Blumen verwelken, sondern laß sie alle blühen mit köstlichem Duft, um Dich zu ehren, o Heiligster.

Eine Botschaft von „Unserer Frau, der Allerheiligsten“

... Ich kam vom Himmel in tiefer Kümmernis und in Tränen, um euch wissen zu lassen, wie fern ihr von Gott seid. Ich kam zu euch allen, um euch zu bitten, euch mit Gott und auch untereinander zu versöhnen und keine Trennungen unter euch aufzurichten ...

... Ich kam, euch alle daran zu erinnern, daß ein wahrer Apostel Gottes der ist, der den Willen Gottes tut: Lieben heißt, den Willen Gottes tun ...

6. + 8. 12. 1993

Maria: Ich, ‚i Panayia' (‚Unsere Frau, Heiligste' auf griechisch), *bin jetzt bei dir. Tochter, laß Jesus dich in solch ein Abbild gestalten, wie Er dich haben möchte. Dadurch, daß du meinem Sohn, Jesus Christus, deinen Willen schenkst und dadurch, daß du dich völlig darbringst, gefällst du Ihm wirklich, und Sein Wille geschieht in dir. Hab keine Angst, arbeite mit Eifer, und erwecke Seine Kirche wieder zum Leben. Laß Seine Schöpfung erkennen, daß das Wort lebendig und unermüdlich wirksam ist. Ich, als deine Mutter, werde dich immer ermutigen, das Kreuz zu erheben, das Jesus dir anvertraut hat. Und nun schreibe, meine Tochter:*

Mehr als zu irgendeiner anderen Zeit habe ich in diesen Tagen Botschaften gegeben, um euren Glauben wieder lebendig zu machen und euch an himmlische Dinge zu erinnern. Ich habe euch fortwährend zum Frieden aufgerufen und Botschaften für Frieden und Versöhnung unter Brüdern verbreitet. In großer Sorge und in Tränen kam ich vom Himmel, um euch wissen zu lassen, wie weit ihr von Gott entfernt wart. Ich kam zu euch allen, um euch zu bitten, euch mit Gott und miteinander zu versöhnen und keine Unterschiede mehr zwischen euch zu machen, „denn jeder, der den Namen des Herrn anruft, wird gerettet werden" (Röm 10, 12-13). *Ich habe nie jemanden im Stich gelassen. Ich kam mit Friedensabsichten, sogar zu dem Geringsten von euch, und verkündete Gottes Frieden und bat diese Generation, ihre Augen zu erheben und nach Gott zu suchen und Gott Opfer zu bringen. Ich kam in euren Tagen, wo so viele von euch dem Leben Gottes völlig entfremdet sind. Ich kam, um euch alle daran zu erinnern, daß der ein wahrer Apostel Gottes ist, der den Willen Gottes tut: Lieben heißt, den Willen Gottes tun.*

Vassula, ich bin von Gott geschickt worden, um viele von euch zu heilen, doch meine Aufrufe sind weder akzeptiert worden, noch wurde ihnen der gebührende Stellenwert beigemessen. Ich war vom Höchsten gesandt worden, um euch in großen Massen zu sammeln und euch zu lehren, daß die

Liebe der wesentliche Kern allen Gesetzes ist. Meine Tochter, meine Seele ist betrübt, weil die Segnungen des Himmels bis heute nicht beachtet werden. Bis heute verkennen die Menschen die Gerechtigkeit und das Wesen der Botschaft, die von Gott kommt, und versuchen, ihre eigenen Ideen zu befürworten. So wurde von Menschenhand das Wort geschickt zurückgenommen und meine Schritte verheimlicht und verborgen aus Furcht vor dem, was die Welt sagt. Wenn sie doch nur ihre Hoffnung auf mich gesetzt und mir vertraut hätten ... Wieviel mehr Nutzen hätten sie von der Bekehrung derer gehabt, die sie weiterhin ablehnen! ... Arbeite, Kleine, arbeite für den Herrn; erlaube Ihm, Seinen ganzen Plan in dich einzugravieren. Es kommen die Tage, wenn jedem von euch vom Herrn die folgenden Fragen gestellt werden:

„Hast du deinen Nächsten wie dich selbst geliebt? Ist es möglich, daß du Gottes Willen immer noch nicht verstanden hast? Hast du alles, was du kannst, zur Erhaltung des Friedens getan? Als dein Feind hungrig war, hast du ihm da angeboten, von deinem Tisch zu essen? Als er durstig war, hast du ihm zu trinken gegeben? Wieso gibst du das, was du gibst, ohne Liebe?"

Ich habe Gebete von euch verlangt. Viele von euch beten, doch ohne Liebe. Viele von euch fasten, doch ohne Liebe. So viele von euch sprechen von meinen Botschaften, doch sehr wenige befolgen sie, weil die Liebe in euren Herzen fehlt. Ihr beugt euch nieder und befolgt den Buchstaben des Gesetzes, aber versäumt es, das Herzstück des Gesetzes zu verstehen. Viele von euch sprechen über die Einheit und sind doch die ersten, die diejenigen verurteilen, die sie praktizieren, weil ihr keine Liebe habt. Wenn ihr alles das, was ich von euch gefordert habe, ohne Liebe tut, seid ihr immer noch im Dunkeln. Ihr seid noch immer für den Krieg, und nicht für den Frieden. Ihr glaubt, ihr wüßtet alles, doch in Wirklichkeit wißt ihr gar nichts. Als ich zu Versöhnung aufrief, da ihr ja alle Teile voneinander seid, hat man mich nicht gehört. Bis auf den heutigen Tag rufe ich euch allen zu: Lebt meine Botschaften!

Erneuert euch in Gott, in Seiner Liebe, und lernt, euch gegenseitig zu lieben. Seid gut und heilig! Lügt euch nicht selbst etwas vor, ihr kleinen Kinder, indem ihr trügerischen Wünschen folgt. LIEBE heißt, in der Wahrheit zu leben. Habt ihr nicht gelesen, daß „selbst wenn du alles, was du besitzt, Stück für Stück verschenkst, und wenn du sogar zuläßt, daß man deinen Leib nimmt und verbrennt, aber ohne Liebe bist, wird es dir überhaupt nichts nützen"? Habt ihr nicht verstanden, daß, wenn auch nur ein einziger von euch verletzt wird, alle Teile des Leibes Christi verletzt werden und mitleiden? Wenn ihr euren Nächsten verletzt, verletzt ihr den Leib Christi, nicht euren Nächsten.

Könnt ihr sagen: „Ich kam mit Ehrfurcht, Aufrichtigkeit und Liebe zu Gott"? „Wann", wird Er euch fragen, „wann bist du mit Ehrfurcht, Aufrichtigkeit und Liebe zu Mir gekommen? Meinen Leib hast du verstümmelt, Ich bin verurteilt worden, mit Beleidigungen und Verleumdung behandelt und durch Falschheit verraten worden. Ich wurde verachtet und abgelehnt, von deinen Lippen ganz schmachvoll entehrt. Wann bist du also mit Ehrfurcht, Aufrichtigkeit und Liebe zu Mir gekommen? Ich verlange einen eindeutigen Beweis deiner Liebe zu Mir."

Meine Kinder, begreift doch jetzt, warum Satan eure Schwäche ausnutzte und euch zum Krieg verleitete. Christus kam hungrig zu euch, und ihr habt Ihm nichts zu essen gegeben. Er kam durstig zu euch, und ihr habt Ihm nichts zu trinken gegeben. Er kam als ein Fremder zu euch, und ihr habt Ihn nicht willkommen geheißen, sondern Ihn behandelt, wie es euch gefiel. Meine Kinder, eure Liebe soll nicht nur aus Worten bestehen, die ihr aussprecht, sondern etwas sein, das von Herzen kommt. Eure Liebe soll lebendig und tätig sein. Ich bin bei euch und helfe euch. Ich segne euch alle und sage: Tut alles, was ihr tut, mit euren Herzen, in Liebe.

Prophezeiung über Rußland

… Ich sage euch, eure Schwester Rußland wird zum Haupt vieler Nationen und wird Mich am Ende verherrlichen …

13.12.1993

Herr, allmächtiger Gott, binde mich noch stärker an Dich, binde mich ein in Deine ewige Liebe.

Der Ich-bin-es ist bei dir, und Ich werde dich nie allein lassen. Du bist fest mit Mir verbunden … Ich habe dich jetzt gerufen, und du hast geantwortet. Schreib, Meine Vassula: Deine Schwester Rußland (Rußland ist im Englischen weiblich) ***wird Mich ganz am Ende ehren und wird eines Tages heilig***

genannt werden, denn Ich werde ihr Herrscher sein. Rechtschaffenheit und Integrität werden noch einmal dort wohnen ... Ja?

Herr, zur Zeit ist sie aber durchdrungen von Korruption ...

Ich werde ihre Augen senken ...

Ich verstehe nicht, Herr, wie Du ihre Augen senken willst.

Nun gut, dann werde Ich es dir sagen: durch den Glanz Meiner Majestät. (Ich verstand, durch eine Läuterung, denn wenn Gott sich offenbart und in eine Seele scheint, ist der Gegensatz des Lichtes zu der Dunkelheit darin so groß, daß die Seele ganz deutlich ihre Unvollkommenheit sieht und sehr darunter leidet.) ***Und dann werde Ich kommen und in ihrem Herzen ruhen ...***

Herr, sie lebt aber noch in der Finsternis von Sünde und Seelenschmerz.

Diejenigen, die in die falsche Richtung gegangen sind, werden fallen. Ich werde die luxuriösen Kräfte mit Meinem Feuer vernichten, und die Stolzen werden gedemütigt werden. Ich beabsichtige, Mein Haus wiederaufzubauen, und Ich werde ihre Söhne und Töchter annehmen, damit sie Mich ehren. Vassula, steh nicht so verwirrt und verständnislos da; Ich sage dir, deine Schwester Rußland wird das Haupt (spirituell) ***vieler Nationen sein und wird Mir schließlich Preis und Ehre erweisen. Hör gut zu und verstehe dies:***

Ihre Hirten werden sich versammeln, während anderswo Verträge gebrochen werden; und während anderswo die Rebellion am Werk ist, um das ewige Opfer abzuschaffen, werden Rußlands Hirten sich versammeln und Mein Haus wiederherstellen, während sie das ewige Opfer verehren, Mich anbeten und Mir die Ehre geben. Wenn in den letzten Tagen eine Nation nach der anderen verfällt und sich selbst verdirbt, weil sie den verheerenden Greuel am heiligen Ort aufgestellt haben, werden Rußlands Hirten sich versammeln und ihre Altäre heiligen. Und während andere (die vom Glauben Abgefallenen) ***eine leblose Form verehren, eine Erfindung menschlicher Geschicklichkeit, ein Abbild ohne Atem,***

werden Rußlands Hirten sich versammeln und Mich lobpreisen, denn Ich, Gott, werde ihre Rechtschaffenheit behüten. Und während anderswo sehr böswillig Anstrengungen unternommen werden, die Tage Meiner Sprachrohre zu verkürzen, da sie die Hoffnung dieser Welt sind, werden Rußlands Hirten sich versammeln, um Mein heiliges Opfer zu beschützen.

Und Ich für Mein Teil werde Meinen Thron in ihr aufstellen, und Ich werde zu Meinem Ruhm alle die versammeln, die Meinen Namen tragen. Ich werde ihre zerbrochenen Altäre instand setzen, denn viele, die unter Meinem Namen leben, werden sich am Ende auf ihre Seite stellen; und ihre Hirten werden, mit einer Hand und in einem Geist, Mein wankendes Haus wieder aufrichten. Was einst verdreht und krumm war, wird gerade gemacht werden, und wegen ihres Eifers für Mich werde Ich Rußland mit eindrucksvollen Gewändern schmücken. Ich werde ihre Hirten an die Spitze unzähliger Nationen stellen. Ich habe das Siegel der Weihe und der Hingabe in sie eingeprägt, auf daß sie Mir von neuem Weihrauch und einen besänftigenden Duft darbringen; deswegen werde Ich ihre Hirten mit Wundern überhäufen.

„Rußland, Meine Treue und Meine Sanftmut wird dich heiligen. Rußland, Meine Tochter, erkenne Mich uneingeschränkt an, dann verspreche Ich dir unter Eid, deine Nachkommen wie Sterne zu erheben und ihnen heilige Gewänder zu geben. Erkenne Mich vollkommen an, Rußland, dann werde Ich alle deine Gegner vernichten. Ich werde, wenn du Mich völlig anerkennst, neue Wunder in dir tun, um allen, die unter der Sonne leben, Meine Barmherzigkeit und Meine Heiligkeit zu beweisen.“ Ich bin bereit, Mitleid mit ihr zu zeigen, und Ich werde es nicht verzögern, wenn sie Mich eifrig willkommen heißt. Ich werde nicht säumen, ihr zu zeigen, wie Ich, der Allmächtige, die Hochmütigen beseitigen und ihre gesetzlosen Zepter zerbrechen kann.

Aber (Plötzlich senkte sich Gottes Stimme und wurde traurig und sehr ernst. Es machte mich tieftraurig.) ***wenn sie die Freiheit mißbraucht, die Ich ihr gerade gegeben habe, und Mich aus ihrem Sinn verdrängt, sogar wenn es nur für kurze Zeit ist,***

werde Ich einem Feind erlauben, in sie einzufallen ... Wenn Rußland nicht mit ganzem Herzen zu Mir zurückkommt und Mich mit ungeteiltem Herzen als ihren Retter anerkennt, werde Ich ein gewaltiges und mächtiges Heer in sie hineinsenden und von ihr zu allen Nationen, ein Heer, wie es dies nie vorher gegeben hat und auch nie wieder geben wird bis in die fernsten Zeitalter. Und der Himmel wird schwarz werden und erzittern, und die Sterne werden ihren Glanz verlieren ...

„Heute bin Ich bereit, dich zu entschädigen, Rußland, für die Jahre, die du gelitten hast, und Ich kann euch noch alle dem Feuer entreißen, wenn du Mich völlig anerkennst. Suche das Gute und nicht das Böse! Hast du deinen Hunger und Durst schon vergessen? (spirituell) ***... Ich habe den roten Drachen zurückgeworfen und den Reichtum und die Üppigkeit seines Reiches zerstört, Ich habe die Stolzen gedemütigt, Ich habe die Gefängnistore geöffnet und deine Gefangenen befreit, Ich habe das Reich des roten Drachen gestürzt, der zusammengerollt in deinem Bauch lag, den, der die Erde erzittern ließ und dein Land zu Ödland machte. Um Meinem Namen bei dir wieder Ehre zu verschaffen, habe Ich deine Kirchen geöffnet, eine nach der anderen, Ich habe dich an jenem Tag bei deinem Namen gerufen: Rußland*** (Rußland anstatt UdSSR)***, damit du jubelst und dich freust; und zur Feier des Festes der Verklärung habe Ich dein Bild sogleich umgestaltet, verklärt.*** (Der Herr sagte in einer Botschaft voraus, daß Er Rußland umgestalten werde. Der Zusammenbruch des Kommunismus geschah in der Woche des orthodoxen Festes der Verklärung.)

Das Elend deiner Unterdrückung war deine Strafe für die Verbrechen der Welt. Und nun warte Ich darauf, dir gnädig und barmherzig zu sein, Rußland, denn am Ende wirst du Mich verherrlichen. Ich sage dir, während andere mit Zerstören beschäftigt sind, wirst du aufbauen. Während viele fallen, werden deine Hirten aufstehen, wenn du dein Vertrauen auf Mich setzt. Und während einige von denen, die zu Mir gehören, die mit Mir am Tisch sitzen, Mich bösartig verraten, wirst du diejenige sein, die ihre Hand ausstrecken

und Meinen Namen, Meine Ehre und Mein Opfer verteidigen wird, und so wird jede einzelne deiner Sünden bezahlt worden sein. Dann wirst du, in Treue, hervortreten und deinen Bruder retten, deinen Bruder, der eine Beute des Bösen geworden war. Du wirst die Kirche als eine einzige wiedererstehen lassen, und Gerechtigkeit wird kommen und in ihr wohnen. Die Gerechtigkeit wird den Frieden bringen und dauernde Sicherheit.

Glücklich wirst du sein und Mir Loblieder singen. Reich wirst du sein, denn die Treue, die du deinem König erwiesen hast, wird Er dir hundertfältig vergelten. Und dort, wo Verträge gebrochen wurden, Propheten verachtet und getötet wurden, dort, wo so viele Beleidigungen und Vergehen gesät und Drohungen ausgesprochen wurden, die mit Getöse zum Himmel aufstiegen, dort, Meine Geliebten, werden die edlen Stimmen deiner Hirten ausrufen:

„Rettung, ihr Priester und Diener des Allerhöchsten, die Rettung findet man nur in der Liebe! Friede! Ihr Hirten, die ihr der Abglanz des Vaters seid, Friede wird man nur durch die Vergebung finden! Einheit! Ihr Brüder des dreifach-heiligen Lichtes und dessen, der Einer in Drei, Drei in einem Licht ist, die Einheit wird man nur durch Mischehen finden! Möge unser allmächtiger Herr, der, dem keiner widerstehen kann, uns Seines Namens würdig werden lassen, möge Er uns gewähren, in Seinem Namen eins zu sein. Ewiger Vater, laß uns so vollkommen eins sein, daß die übrige Welt erkennt, daß Du es warst, der das Opferlamm gesandt hat, um Dich zu verherrlichen und Deinen Namen bekannt zu machen.“ So wirst du den Zerteiler plündern, und Du wirst ersetzen, was zugrunde gerichtet worden war. Rußland, deine Rolle ist es, Mich zu ehren und zu preisen. Das Fest wird erst kommen, doch von dir hängt es ab, auf welche Art und Weise jener Tag kommt: Laß Mich dich nicht durch Feuer dazu bringen, zu Mir zurückzukehren, sondern mit den Banden des Friedens.

Das Buch Daniel

… das Buch Daniel, das versiegelt war und dessen Worte noch ein Geheimnis waren, wird jetzt für euch alle in seiner ganzen Fülle enthüllt …

20.12.1993

Mein Herr?

Ich bin es.

Laß doch die Augen derer, die Deine Zeichen nicht sehen, nicht noch länger geschlossen bleiben. Laß doch die Ohren, die nicht mehr hören, sich öffnen und aufmerksam werden. Laß die Herzen, die nie Deine Weisheit verstehen, sich öffnen und Deine Sprüche verstehen. Laß ihren Geist das aufnehmen und pflegen, was Du selbst gepflanzt hast, zu Deinem Ruhm.

Am Ende werde Ich zu euch allen kommen … (Ich verstand: mit Feuer. Gott wird mit Feuer zu uns allen kommen, und ein jeder wird hören, sehen und verstehen.) ***Und du, Meine Tochter, laß die Entmutigung nicht das Beste von dir nehmen. Dein Rennen ist noch nicht beendet, also verringere nicht deine Geschwindigkeit. Ich helfe dir, und du hörst Meine Stimme, damit deine Seele ermutigt wird.***

Hör jetzt zu und schreibe: Am Anfang, als du noch nicht wußtest, was Integrität bedeutet, am Anfang, bevor die Weisheit kam, um dich Mein Wort zu lehren, in jenen Tagen hatte Ich dir Meinen Diener Daniel geschickt (meinen Schutzengel), ***um dein Herz zu berühren und dich zu Mir zu bringen. Ich kam also, um einen der niedrigsten Menschen zu erheben. Durch Meine Gnade und Kraft machte Ich dich Mein. Die höchste Gewalt speiste mit dir und gebrauchte dich als Seine Harfe, um viele in Seinem Hause mit Seiner Liebeshymne zu bezaubern. Freue dich, Tochter, denn Ich beabsichtige, deines Lebens Reise mit dir zusammen zu vollenden! Am Anfang, bevor Mein Feuer dich durchfuhr, hatte Ich Meinen Diener Daniel zu dir geschickt, um dich zu bitten, das Buch Daniel zu lesen, denn darin gibt es wichtige Wahrhei-***

ten, Wahrheiten und Prophezeiungen, deren Siegel gebrochen werden sollten, um verstanden und dann bekannt gemacht zu werden. Es sind die Zeichen des Endes der Zeiten; deshalb wird das Buch Daniel, das versiegelt war und dessen Worte noch ein Geheimnis waren, euch allen jetzt in seiner ganzen Fülle enthüllt.

Ich habe euch allen gesagt, daß eure Generation abtrünnig geworden ist und daß dieser Glaubensabfall sich in das Herz Meines Heiligtums einschleichen und Priester, Bischöfe und Kardinäle beeinflussen wird. Du siehst also, Tochter, Ich rede von jenen vom Glauben Abgefallenen, die Meine Kirche verraten und Meinen Erwählten bekämpfen, den Stellvertreter Meiner Kirche, der ihre Rebellion zurückhält. Doch es ist gesagt worden, daß Satan in eurer Zeit ans Werk gehen wird, um alles, was gut ist, zu zerstören, und daß er auf Verfolgungsjagd gegen die gehen wird, die Ich euch mit Meinen barmherzigen Aufrufen sende, die euch retten könnten. Meine Aufrufe und Meine Zeichen vom Himmel wurden von diesen Abtrünnigen nicht begriffen, sondern werden abgelehnt. Doch alles Böse, das ihre Seele noch tiefer in die Dunkelheit und Zerstörung führen kann, ist ihnen willkommen. Sie heißen die Lüge willkommen und lehnen die Wahrheit ab.

Es ist gesagt worden (vgl. Dan 7, 25), *daß für eine Zeit, zwei Zeiten und eine halbe Zeit* (das bedeutet dreieinhalb Jahre) *Mein Volk von ihnen verfolgt werden und unter der Herrschaft des Tieres sein würde* (vgl. Offb 13, 1-18). *Es ist gesagt worden, daß sie mit Hilfe dieses Tieres in Betracht ziehen werden, die Traditionen und Meine Gebote zu ändern, und daß sie planen, das ewige Opfer abzuschaffen, es mit Füßen treten und zermalmen werden und an Seiner Stelle den verheerenden Greuel aufrichten werden, ein lebloses Abbild… und alle Heiligen, die Ich euch in eurer Generation sende, werden in ihre Macht geraten. Heute seht ihr alle zu, wie diese Prophezeiungen erfüllt werden. Unter dem Einfluß des Tieres führen diese Abtrünnigen Krieg* (Die Abtrünnigen sind, nach unserem Herrn, jene Geistlichen und in der Kirche Tätigen, die unter dem Einfluß der Freimaurer stehen. Diese Abgefallenen werden in Offb 13, 11 erwähnt. Sie sind wie das zweite Tier, mit anderen Worten, der falsche Prophet.) ***gegen jeden Heiligen, den Ich euch sende, und beweisen zur Zeit, daß sie die Stärkeren sind. Und was die betrifft*** (gute Hirten, aber skeptisch und verschlossen), ***die Meine heutigen Aufrufe ohne jeden Grund ablehnen, so werden sie an Meinem Tag dieses Bekenntnis ablegen:***

(Lies Daniel 9, 4-19) ***„O Herr, wir waren blind, und wir haben gesündigt; wir haben Dir in der Tat unrecht getan, und wir haben Deine Gebote und Dein Gesetz verraten. Wir haben uns geweigert, Deine Diener, die Propheten, anzuhören, die in Deinem Namen zur ganzen Welt sprachen. Herr, wir haben nicht auf Deine barmherzigen Aufrufe gehört und auch keinen Rat angenommen; Gott, wir haben Deine offensichtlichen Zeichen nicht beachtet, wir haben sie alle lächerlich gemacht, da wir gegen Dich gesündigt haben. Wir haben die Heilige Schrift verspottet. Hätten wir das nicht getan, dann hätten wir Dein Zeichen am Himmel*** (vgl. Mt 24, 30 und Dan 7, 13-14. Ich verstand das Folgende: Die Offenbarung des Heiligen Geistes, die jetzt mit Macht kommt und Gottes Volk sammelt. Die Ausgießung des Heiligen Geistes ist ein himmlisches Zeichen, um die Kirche zu erneuern, mit anderen Worten: um das neue Jerusalem zu errichten.) ***und die Gaben Deines Heiligen Geistes angenommen. Doch wir wendeten unsere Augen ab, damit wir nicht sehen und bekehrt werden; und der Fluch und die Verwünschung, wovon in der Heiligen Schrift geschrieben steht, wird jetzt kommen und auf uns niederströmen, denn wir haben in der Tat gegen Dich gesündigt. Und nun, da das heilige Opfer abgeschafft worden ist, an wen können wir uns nun wenden? Womit können wir unsere Seelen nähren? Wie könnten wir unseren Durst löschen? Wie können wir jetzt das Leben erlangen? Die ganze Trostlosigkeit des Greuels, die Du vorhergesagt, aber geheimgehalten hattest, hat sich jetzt bewahrheitet. Unsere Qual und Not ist beispiellos, seit wir zum erstenmal entstanden sind“*** (vgl. Dan 12,1).

(Hier unterbrach der Herr Sein Diktat, obwohl Seine Botschaft noch nicht beendet war. Ich verstand, daß Er später fortfahren würde.) ***Vassula, Meine Liebe wird dir Kraft geben. Liebste Seele, zerbrechliche Kleine, laß Mich dich vollkommen ge-***

brauchen, sei Meine stumme Zeugin (durch das Schreiben). ***Komm!***

Das Zeichen des Menschensohnes, das jetzt am Himmel erscheint

... Ach Generation, was willst du noch für Zeichen erbitten, noch über das Zeichen des Menschensohnes hinaus, das Ich euch heute gebe? ...

23.12.1993

Mein Herr, der Feigenbaum wird jetzt beginnen, Früchte anzusetzen, und die Weinstöcke werden beginnen zu blühen.

Nein, Meine Braut, der Feigenbaum hat schon seine Früchte geformt, und die Weinstöcke haben schon geblüht. Tochter, kannst du nicht sehen? Hast du Mein Zeichen im Himmel nicht bemerkt? (Anspielung auf Mt 24, 30). ***Hör zu und schreibe:***

Generation, Ich habe dir Meine Engel gesandt und sende sie immer noch (Engel stehen hier für: Boten. Die Erwählten, die von Gott ausgesandt werden in die Welt, um Sein Wort zu überbringen.), ***um Meine Erwählten aus allen Himmelsrichtungen zu sammeln, von einem Ende des Himmels zum anderen, daß sie bereit sein sollen, weil der Bräutigam bald aus dem Himmel heraustreten und bei euch sein wird. Eure heutige Welt wird sich schnell verschleißen. Ich sende euch Meine Engel, um Meine Auserwählten zu sammeln, Mein Volk, um Meine Kirche zu erneuern. Habt ihr es nicht bemerkt? Habt ihr es nicht verstanden? Nehmt ihr immer noch nicht Mein Zeichen wahr? Heute begeistert Mein Heiliger Geist einen von zweien, hüllt ihn ein in Sein loderndes Feuer und sendet ihn aus, ein Zeuge des Allerhöchsten zu sein. Mein Heiliger Geist erhebt einen, während Er einen anderen im Staub inmitten von Staub zurückläßt; einer wird mitgenommen, einer wird zurückgelassen.***

Mein Heiliger Geist bläst, wie der Wind, wo immer Er will. Ihr hört Seinen Klang, aber ihr könnt nicht sagen, woher Er kommt oder wohin Er geht. Mein Heiliger Geist erscheint in euren Tagen wie ein Bräutigam, um sich um euch zu bemühen, um euch zu verleiten und sich eng mit euch zu verbinden. Mein Heiliger Geist wird wie ein kostbarer Eckstein in euer Herz gelegt, um der Grundstein eures Glaubens, eurer Hoffnung, eurer Liebe und eurer Hingabe an Mich, euren Gott, zu sein. Mein Heiliger Geist weht in euren Tagen über euch, hierher und dorthin. Sein Atem ist wie ein Strom, der in jeder Richtung fließt; und überall, wohin dieser Strom fließt, sprießen Früchte tragende Bäume hervor mit Blättern, die nie welken, sondern Heilwirkung haben, und jeder, der davon ißt, wird geheilt.

Ja, Mein Heiliger Geist ist eine lebenspendende Quelle, die innere Kraft Meines Reiches, welche Jünger der Weisheit hervorbringt. Mein Heiliger Geist baut, erneuert und verschönert, aber der Betrüger zerstört und schlägt alles zu Tode, was heilig ist. Wieso könnt ihr das strahlende Licht Meines Heiligen Geistes nicht wahrnehmen? Wie das Licht von sieben Tagen auf einmal, so scheint Mein Heiliger Geist heute am Himmel. Ist dieses Zeichen des Menschensohnes, das am Himmel erscheint (Mt 24, 30), *nicht genug für euch? So wie ein Hirte seine Herde sammelt, sammelt und rettet Mein Heiliger Geist die zerstreute Herde. Ich offenbare Dinge, die euch verborgen und unbekannt waren. Generation, zur passenden Zeit offenbare Ich dir diese Dinge. Ob ihr euch nach rechts oder links wendet, überall werdet ihr das strahlende Licht Meines Heiligen Geistes am Himmel sehen, und eure Ohren werden hören: „Ich bin es!“* (Joh 18, 6 und 8) *Der Ich-bin-es ist bei euch, im Herzen. Der Ich-bin-es ist hier, um eure Hoffnungen, eure Kraft, euren Glauben und eure Liebe aufzubauen.*

Mein Kind, „koumi!“ Erhebe dich nun, die vor langer Zeit zugrunde gegangen ist, erhebe dich nunmehr, Mein Kind, und nimm deinen Platz ein! Hier ist ein Hirtenstab. Ich werde deine Seele lenken, damit sie die Ausbildung erhält: Gehe nun hinaus und suche den Rest Meiner verirrten Scha-

fe. Werde nicht müde unterwegs, Mein Kind, und falls du ermüdest, werde Ich dich auf Meinen Schultern tragen. Heute werde Ich selbst Meine Schafe sammeln ...

Ach Generation, wie konntest du nach größeren Zeichen verlangen, größer als das Zeichen des Menschensohnes, das Ich euch heute gebe? Was, der Mensch sollte tatsächlich nicht fähig sein, Meine Absichten zu erkennen? Ich spreche die Wahrheit, dennoch glaubst du nicht, daß Ich es bin, der spricht. Wie kommt es, daß du Meine Stimme nicht verstehen kannst? Hast du dich jemals gefragt, wie die Pfade jener, die im Staub leben, begradigt und eingeebnet worden sind? Hast du dich gefragt, wer es war, der den Stummen den Mund auftat und den Unwissenden die Sprache der Weisheit gab? Und wer war es, der die Armen im Geist belehrte, die Dürftigen, wie man sie nennt? Hast du nicht gehört, daß Mein Heiliger Geist wirklich der Lebensspender ist? Habt ihr nicht begriffen, wie Mein Heiliger Geist sich in der Gegenwart eines stolzen Herzens zurückzieht, aber Seine Vertrautheit den Niedrigen zeigt?

Mein Heiliger Geist wird euch heute als ein großes Zeichen am Himmel (Anspielung auf Mt 24, 30) ***gegeben, eine Widerspiegelung Meiner Wiederkehr. Solange eure Gedanken irdisch bleiben, werdet ihr unfähig sein, die Dinge zu begreifen, die im Himmel sind. Habt ihr nicht gelesen: „Jahwe wird über ihnen erscheinen, und Sein Pfeil wird aufleuchten wie ein Blitz“*** (Sach 9, 14). ***„Seht ihr, wie Jahwe im Feuer kommt? Um Seinen Zorn zu besänftigen mit Brennen, droht Er mit flammendem Feuer“*** (vgl. Jes 66, 15. ***Die Werke Meines Vaters werden ausgeführt. Hört und versteht: Ich habe gesagt, daß Ich kommen werde, die Völker aller Sprachen zu versammeln. Viele von euch fragen: „Wann wird das geschehen, und welches wird das Zeichen Deines Kommens sein?“***

Ich hatte euch vorher gewarnt, daß, wenn ihr den verheerenden Greuel sehen würdet, von welchem der Prophet Daniel sprach, eingesetzt im heiligen Ort, das heißt, wenn ihr seht, wie der Feind (der Antichrist, von denen es heute viele gibt, denn sie haben den Geist des Aufruhrs zum Anführer, der sich im innersten Teil ihrer Seele festgesetzt hat, an dem eigentlich Gott wohnen sollte) ***seinen Platz dort einnimmt, wo er eigentlich nicht***

sein sollte, nämlich in Meinem Heiligtum, Meinem Wohnsitz (Wohnsitz: Seele) – ***wenn ihr diesen Rebellen*** (der Antichrist, wie schon gesagt) ***seht, wie er viel größer zu sein vorgibt als alles, was Menschen mit Gott benennen, soviel größer als alles, was verehrt wird, daß er sich selbst in Meinem Heiligtum*** (Anspielung auf Dan 11, 31 und 8, 11 sowie 12, 11 und Mt 24, 15) ***inthronisiert und behauptet, Gott zu sein.*** (Wie schon zuvor gesagt, sagt uns Jesus, daß heute schon diese Zeichen da sind: viele Antichristen, trotzdem wird sich die Prophezeiung vom immerwährenden Opfer, das abgeschafft wird, konkretisieren, wenn der Glaubensabfall und die Rebellion verallgemeinert sein werden. Dann wird der Antichrist,der schon unter uns ist, offen in Erscheinung treten.) – ***Ja, Vassula! Wisse, daß das ein Vorzeichen war, das vor dem Zeichen des Menschensohnes gegeben wurde, das jetzt im Himmel erscheint, um euch zu retten.***

Erhebt eure Häupter und schaut auf zum Himmelszelt, haltet Ausschau nach Meinem himmlischen Manna. Steht aufrecht da, erhobenen Hauptes, denn eure Befreiung ist nahe. Wie ist es, daß Mein Heiliger Geist bei so vielen von euch unbemerkt bleibt? Die Tiefe und die Erde erzittern vor Meiner Heimsuchung, so sage nicht noch einmal, daß keine Gerechtigkeit geschehe und die Bundeslade (Hebräer 9, 4: Die Bundeslade enthielt ein Gefäß, in dem das Manna aufbewahrt war, das vom Himmel gefallen war, um Moses und die Juden bei der Durchquerung der Wüste zu nähren. – Jesus spielt auf dieses Manna an: Er spricht über Seinen Heiligen Geist als Himmelsmanna) ***ist weit weg. Die Bundeslade ist genau über euch am Firmament, so daß ihr Zeugen Meiner Glorie seid.***

Wenn ihr von Meinem Manna eßt, werdet ihr wiederbelebt, ihr werdet von neuem geboren sein. Schaut also nicht nach anderen Zeichen! Habt ihr nicht gehört, daß es der Geist ist, der Leben schenkt? Wenn gewisse unter euch nicht glauben, dann deshalb, weil ihr dieses Manna nicht gegessen habt. Ja, es ist Mein Heiliger Geist, der euch ein ungetrübtes Verständnis Meiner Geheimnisse geben kann. Diese himmlische Nahrung ist die Nahrung der Armen, und sie ist nicht mit Geld zu kaufen. (Die Reichen im Geist können das Reich Gottes nicht empfangen. Anspielung auf die Seligpreisung: Gesegnet sind die Armen im Geist, denn ihrer ist das Königreich des Himmels.)

Heiligt euch und läutert euch, um in den Garten einzugehen, der Mein Königreich ist. Ich gebe euch heute dieses Zeichen Meines Heiligen Geistes im Himmel. Es erfüllt die ganze Welt und macht alle Dinge neu, es entfaltet Seine Stärke von einem Ende der Erde zum anderen, und dennoch widersetzen sich viele Meiner Barmherzigkeit und wagen zu sagen:

„Wo sind die Zeichen von Gott? Da ist kein Zeichen des Menschensohns, das im Himmel erscheint, um uns zu beweisen, daß der Allerhöchste vor unseren Toren steht." Und ihr lauert Meinem Geistgesalbten auf, weil sie euch ärgern und stören und der Art eures Denkens entgegengesetzt sind. Ja, ihr bloßer Anblick schon drückt euren Geist und eure Stimmung nieder. Ach ... und die Wurzel eures Verständnisses ist am Verkümmern ... Ich sage euch: Meine Geistgesalbten mögen euch schwach und gebrechlich erscheinen, doch sind sie in Mir gut verwurzelt. Kaum gewachsen, so sind sie doch auf Mich aufgepfropft. Und wie ein makelloser Spiegel bewege Ich sie umher, um Meine Worte überall und wo auch immer aufleuchten zu lassen.

Ich bin es. Und sie werden weiterhin Meine Worte auf euch alle wie helles Licht ausstrahlen, um euch in Mein Königreich zu führen. Sie werden fortfahren, Meine Kraft zu offenbaren, auch wenn ihr hart und rauh mit ihnen umgeht. Sie werden Beleidigung und Verleumdung demütig ertragen, um euch zu retten. Sie werden ihren Mund nicht auftun und widersprechen im Angesicht all der Völker, sondern werden wie Engel sein, deren Füße gute Nachrichten bringen. Sie werden weiterhin Mein Wort aufleuchten lassen wie einen unbefleckten Spiegel, indem sie Rettung und Heil verkündigen und Frieden und Liebe einführen. Und obschon sie von vielen verachtet und abgelehnt werden, tragen sie ihre Leiden mit Würde.

Erhebe Deine Augen zum Himmel und erkenne Mein Zeichen. Ich komme, um Mein Haus wiederherzustellen. Ich komme, um euch zu erneuern, Generation. Ich offenbare euch allen Mein heiliges Antlitz, um euch zu retten. O kommt, ihr, die ihr noch unschlüssig seid. Ich sage euch: Von Anfang an habe Ich nie unklar oder undeutlich zu euch

gesprochen, und die ganze Zeit sind diese Dinge auch geschehen.

Ich bin immer gegenwärtig gewesen. – Und du, Tochter, halte dich makellos, damit Mein Licht die Enden der Erde erreiche. Predige mit Genauigkeit all das, was Mein Geist dir gibt. Ich werde dir Mut machen, Meine Tochter und Mein Eigentum. Dein Gemahl ist mit dir.

Bild von St. Michael

Botschaften von St. Michael und Daniel

5.3.1987

Ich lese ihm das Gebet zum heiligen Michael:

Heiliger Erzengel Michael, verteidige uns im Kampfe. Sei unser Schutz gegen die Bosheit und die Nachstellungen des Teufels.

Möge Gott ihn zurechtweisen, so bitten wir demütig, und du, o Fürst der himmlischen Heerscharen, wirf durch die Kraft Gottes den Satan und alle anderen üblen Geistern, die zum Verderben der Seelen die Welt durchstreifen, in die Hölle hinunter. Amen.

St. Michael antwortete mir:

Mit der Macht Gottes werde ich, der heilige Michael, Satan in die Hölle werfen und alle anderen üblen Geister, welche die Seelen verderben.

17.5.1987

Lies das nächste.

Ich lese das Memorare des hl. Bernhard (an Maria gerichtet):

Gedenke o gütigste Jungfrau Maria, es ist noch nie gehört worden, daß jemand, der zu dir seine Zuflucht nahm, deinen Beistand anrief und um deine Fürbitte flehte, von dir verlassen worden ist. Von diesem Vertrauen beseelt, nehme ich meine Zuflucht zu dir, o Jungfrau der Jungfrauen, meine Mutter, zu dir komme ich, vor dir stehe ich als ein sündiger Mensch. O Mutter des ewigen Wortes, verschmähe nicht meine Worte, sondern höre sie gnädig an und erhöre mich! Amen.

26.2.1988

Ehre sei Gott, preise den Herrn!

Diese Worte wurden vom heiligen Michael gesprochen, als ich zu ihm betete ...

27.-29.4.1988

Gepriesen sei der Herr! Ehre sei Gott!

St. Michael sagte: „Gepriesen sei der Herr“, nachdem er sein Gebet gesprochen hatte, und St. Maria sagte: „Ehre sei Gott“, nachdem sie ihr Gebet vorgetragen hatte.

29.9.1988

Raphael, Gabriel und Michael

Ehre sei dem Allerhöchsten (ich betete zu St. Michael), ***denn Er hat dich von den Toten erweckt. Du sollst immer vor dem Satan auf der Hut sein, dich vor dem Herrn sammeln, zu mir beten.***

Das Gebet zu St. Michael, den Exorzismus?

Ja, wenn Gottes Schöpfung nur wüßte, wie sehr dieses Gebet das Böse bekämpft, dann würden sie es täglich rezitiert haben. Sei immer auf das Wort des Herrn vorbereitet, der Ewige liebt dich, preise Ihn!

Ach, St. Michael, hab Dank dafür, daß du uns behütest und für uns kämpfst.

27.2.1989

Friede sei mit dir. (St. Michael)

1.3.1989

Die Botschaft des hl. Michael für die Wiedervereinigung (Treffen):

Vassula, Ehre sei Gott! Gepriesen sei der Herr! Das Erbarmen des Herrn ist grenzenlos, die Gnade des Herrn ist über euch. Erwache! Erwache! Kommt zurück zum Herrn, alle, die die Wahrheit verlassen haben, kehrt um und bereut! Betet für die Bekehrung eurer Brüder, beachtet die Warnungen des Herrn. Friede, Friede – schließt Frieden mit Gott! Ich, St. Michael, bin euch nahe, um euch zu verteidigen. Betet ohne Unterlaß! Eure Gebete sind nötiger denn je in diesen Tagen des Fastens. Ich segne

euch im Namen des Vaters und des Sohnes und des Heiligen Geistes. Amen.

6.3.1989

Friede! Ich bin dein Engel Daniel, ich bin bei dir und führe dich. Ich vollbringe den Willen des Herrn und bete für euch ohne Unterlaß. Wünsche nichts als den Herrn, nimm alles an, was Er dir gibt. Hüte dich vor dem Bösen.

Bitte vertreibe den Bösen, wenn er sich mir naht!

Das tue ich. Bete, meine Vassula, mit Eifer, denn das ist die Art und Weise, wie der Herr sie liebt. Höre nie auf zu beten. Komm, sei in Frieden!

8.3.1989

Ich liebe euch alle wahnsinnig, bedenkt das immer. Ich werde Meine Gerechtigkeit nur erweichen lassen, wenn gewaltige Wiedergutmachungen geleistet werden.

ΙΧΘΥΣ 

Die Liebe liebt euch. Hier ist der heilige Michael:

Kind Gottes, nichts ist bei Gott unmöglich. Es sind gewaltige Sühneleistungen nötig. Wenn deine Generation sich bekehrt, wird der Heilige der Heiligen Seine Strafe mildern. Mögen jene, die Ohren haben, hören, denn Sein Erbarmen währt von Zeitalter zu Zeitalter für jene, die Ihn fürchten. Sei wachsam, höre nie auf zu sühnen. Jene, die sich jetzt über dich lustig machen, werden später mit den Zähnen knirschen. Ich, St. Michael, bete ohne Unterlaß für diese böse Generation. Bete, Kind, und gehorche dem Herrn! Preise den Herrn für die Ausgießung Seines Geistes unter euch allen.

Heiliger Michael, wir danken dir.

Friede sei mit euch!

5.4.1989

Hier ist St. Michael: Kinder Gottes, hört nicht auf Satan, und laßt euch auch nicht auf ein Gespräch mit ihm ein! Lügen heißt, mit dem Dämon sprechen, Zorn in sich ansammeln, heißt, dem Bösen Halt und Stütze geben. Laßt eure Zunge nicht die Ursache eures Fallens sein. Betet zu mir, und ich werde für euch Fürsprache einlegen. Habt Vertrauen zu Gott und auf Seine unendliche Barmherzigkeit. Ich segne euch alle.

4.7.1989

(Der heilige Michael gibt uns eine Botschaft.)

Ich bin St. Michael, Ich bin euer heiliger Michael, zu dem ihr um Schutz betet und damit ihr gegen den Bösen verteidigt werdet. Habt keine Angst, eure Mühsal und Nöte werden durch dieses Gebet behoben. Erlaubt dem Geist der Liebe, Seine Gnadenrufe auszudehnen. Hört auf den Geist der Gnade, hört auf den Geist, denn Sein Erbarmen ist groß. Erstickt nicht jene, die Botschaften des heiligen Einen empfangen wie eure Vorfahren, indem ihr zu den Sehern sagt: „Empfangt keine Visionen!“ und zu den Propheten: „Prophezeit uns nicht, denn wir sind in der Wahrheit.“ Hebt statt dessen eure Augen empor und schaut ringsum: Alle versammeln sich und kommen zu Gott zurück, eure Söhne aus der Ferne, und eure Töchter werden zärtlich getragen, denn der Herr hat dies angekündigt: Auch wenn die Nacht euer Zeitalter beherrscht, so wird doch Mein Licht sie durchdringen und diese Erde bedecken, und alle Völker werden zu Mir und Meiner Herde kommen. Ich werde sie wieder zu einer heiligen Gemeinde unter Meinem heiligen Namen versammeln. Betet, o Kinder des Herrn, und erlaubt dem Herrn, Sein Volk wieder aufzurichten, indem ihr annehmt, was aus dem Mund der Kinder und Niedrigen kommt. Habt keine Angst, die Rettung ist nahe und steht an eurer Pforte. Ich segne euch im Namen des Vaters und des Sohnes und des Heiligen Geistes. Amen.

Gestatte dem Herrn, dich zu benützen, Vassula. Verlange nach dem Herrn! Liebe Ihn, denn Er ist voller Erbarmen.

14.11.1989

„Halleluja unserem Gesalbten! (Das kam von Engelstimmen.) *Erfreut den Herrn und sucht Ihn in der Reinheit des Herzens, sucht Ihn in der*

Einfachheit des Herzens. Wir sind eure Engel, die euch ohne Unterbrechung beschützen." – Gott liebt euch, und Ich, Daniel (Daniel ist mein Schutzengel), ***bin immer bei dir. Bleibe klein, denn das ist es, was dem Herrn gefällt!***

Ach Daniel ... wie entgehe ich diesen Treffen, durch die die Leute die Offenbarung und mich kennenlernen, denn wie kann ich da klein bleiben? Du weißt, wie sehr es mir mißfällt, in der Öffentlichkeit zu stehen.

Vassula, klein bleiben bedeutet demütig bleiben und dem Herrn gefallen. Erinnere dich, es ist der Wunsch des Herrn, diese Versammlungen abzuhalten (die monatlichen Gebetstreffen). ***Keine Angst, Seine Botschaft soll bekannt werden. Die Welt sollte kommen und den König des Friedens treffen. Deine Generation sollte Gott anerkennen und bekehrt werden. Sage Gott Dank für Seine barmherzigen Werke. Ich, Daniel, bete ohne Unterlaß für euch. Gott möchte, daß ihr gut seid. Offenbare Seine Liebe allen Menschen ohne Furcht. Der Allerhöchste segnet dich und all jene, die sich dieser Botschaft verpflichten, um sie den Nationen zu verkünden. Die Liebe liebt euch alle.***

ΙΧΘΥΣ 

9.1.1991

(Ich weinte wegen all der falschen Anschuldigungen, die über mich verbreitet werden von „..." und darüber, daß das solchen Schaden anrichtet.)

Blume, das ist ebenso Mein Kreuz, doch erlaube Mir, dich so zu behandeln, wie es Mir gefällt. Deine Liebe steigt als Weihrauch zu Mir empor. Wenn plötzlich eine grausame Bedrängnis über dich kommt, Mein Kind, so bringe sie Mir dar. Ich werde guten Gebrauch davon zu machen wissen. Völker stehen am Rand des Krieges, verstehst du? Kleine, opfere Mir deine Leiden auf, denn der Zorn ist bereit aufzuflammen ... Habe Meinen Frieden ... habe Vertrauen zu Mir, Meine Vassula. Denke daran, Ich werde dir beistehen. Dann ist auch dein Engel an deiner Seite, dich zu trösten und deine Wunden zu verbinden, doch für jetzt erlaube Mir, Mein Kreuz auf dich zu laden. Mut, Tochter! Mein Kreuz wiegt schwer auf

dir, doch Ich weiß, daß du es bis ans Ende tragen wirst. Ich, der Herr, segne dich. Ich werde dich im Himmel belohnen.

Daniel, mein Engel:

Dein Jesus liebt dich. Ich bin es, Daniel. Merke wohl: Der Herr gab dir Ruhe. Aber jetzt - möchtest du Ihm nicht auch Ruhe schenken? Vassula, so tue Ihm Genüge und erlaube Ihm, dich durch Leiden niederzudrücken. Es ist ein hoher Preis für den Frieden zu zahlen. Es stehen viele Leben in Gefahr. Wie oft kommt es vor, daß der Herr dich mit solcher Bürde belastet?

Nicht oft.

Nein, nicht oft. So solltest du die wenigen Male, wo Er es tut, annehmen und darüber nicht heftig werden. Vassula, alle diese Opfer werden nicht umsonst sein. Sie machen auch dich stärker. Bleibe in Gottes Liebe! Eifrig ist Er dabei, Dich zu läutern, eifrig sei auch du, Ihn zu verherrlichen! Daniel, dein Engel!

Ich lächelte. Irgendwie bringt es mein Engel immer fertig, mich zum Lächeln zu bringen. Ich lächelte über sein Prosa-Gedicht. Das ist so typisch für meinen Engel.

29.9.1991 – Fest des heiligen Michael

St. Michael: *Ich liebe dich, Kind Gottes. Vertraue mir!*

Der Herr: ***Ruhe in Meinem Herzen, Ich, der Herr, segne dich. Komm, Mein Herz ist dein Zufluchtsort.***

Simi-Panormiti, 27.8.1992

Vassula, höre auf Meinen Erzengel, den du besuchen kamst:

Kind Gottes, fürchte dich nicht, stehe fest, wenn du verfolgt wirst. Du bist nicht allein. Gib alle deine Probleme an deinen wahren Hirten weiter, und Er wird dich führen und leiten. Und der Mächtige hat Seine Hand über dir. Höre, wenn Er spricht, denn Er hat große Pläne mit dir. Er ist der lebendige Gott, und da ist keiner mehr über Ihm. Ich werde jedem helfen, der willens ist, den Bösen zu besiegen, und im Vater, durch den Vater werde ich die Werke des Teufels zerstören. Es soll sich jeder, der sich rühmen will, des

Herrn rühmen! Gepriesen sei der Herr! Bleibe in Seinem Herzen und denke daran: Er hat wahrhaftig zu dir gesprochen! Gottes Erzengel Michael.

29.9.1993 – Erzengelfest

Der heilige Michael gab mir folgende Botschaft:

Gott ist König auf der ganzen Erde und im Himmel. Es ist keiner, der Ihm gleichkommt! Er ist deine Rettung, deine Stärke und dein Friede. Wenn es dir schlecht geht, streckt Er Seine Hand aus, um dich zu erheben und zu retten. Gott ist der Meister der Himmel und der Erde, und es ist keiner wie Er, keiner, mit dem ihr Ihn vergleichen könnt. Ich sage dir: Bleibe wach, weil keiner den Tag weiß, wann euer Meister zu euch kommt. Der Allmächtige wird Seine Entscheidung nicht hinauszögern. Er wird zu euch allen in einer Feuersäule kommen, und das Licht Seines Volkes wird ein Feuer werden, und euer Heiliger eine Flamme, die brennt und die Durchtriebenheit des Bösen verschlingt (Anspielung auf die Läuterung). *Sein Licht wird durch die Finsternis hindurchdringen und hindurchleuchten, und jene, die nicht sehen konnten, werden sehen. Er wird die Stolzen der gegenwärtigen Welt zerstören. Die übrig bleiben, werden zu Ihm gehören. Es werden so wenige sein, daß sogar ein Kind sie zählen könnte, wenn nicht der Allmächtige einen Schrei der Reue von der Erde hört! Sein Richterspruch ist gerecht. Bleibe im Herrn, Vassula, und Er wird dir Stärke verleihen. Ich behüte dich.*

14.10.1994

Botschaft vom heiligen Michael:

Vassula-von-Christi-Passion, ich, der heilige Erzengel Michael, grüße dich und segne dich. Erinnerst du dich, wie Gott dich aufrief, ein wahres Leben in Ihm zu führen? Einzig die Erinnerung an deine geistige Auferstehung rührt mich bis zu diesem Tag zu Tränen … Du führtest einst Krieg gegen Gott, weil du einzig an Nicht-Geistigem interessiert warst. Doch jetzt, Gott sei Ehre, hat der Gerechte, der Höchste, dich mit Seinem Heiligen Geist und Seiner machtvollen Hand emporgehoben, um Zeuge Seines Heiligen Geistes zu werden. Seitdem Sein Geist in dir Seine Wohnung nahm, und schon von Anbeginn (meiner Bekehrung), *verherrlicht Er sich durch das*

Hören auf dein Schreien: „Vater!" – „Abba!", wobei Sein Geist Seine Heimat in dir findet.

Es ist jetzt nicht mehr lange, dann wird Er herniedersteigen und die Niederträchtigkeit, die sich im Herzen des Menschen niedergelassen hat, abtun. Sieh her, für mehr als drei Jahre wird das immerwährende Opfer (die tatsächliche Gegenwart Jesu Christi in der Eucharistie) *mit Füßen getreten. Wegen dieser unglaublichen Blasphemie wird ein Drittel eurer Bewohner an ihren Lastern sterben. Der Herr hat das bei Seiner Heiligkeit geschworen.*

Bereite dich vor, Gott jetzt zu begegnen. (Er bat mich, Gott auf diesem Wege zu begegnen).

Als er meine Traurigkeit wahrnahm, entschied sich St. Michael, noch ein wenig bei mir zu verweilen.

Ich habe dir das alles nicht mit Vergnügen gesagt, denn dem Teufel werden heute, in eurer Generation, große Ehren zuteil. Er war ein Mörder von Anbeginn und ein Lügner, und jetzt wird er als Vater verehrt. Die Ehren werden ihm dafür zuteil. In euren Tagen verbeugen sie sich vor seinen Werken, und auf diese Weise hat deine Generation die Strafe auf sich herabgezogen. Eure Länder werden von Legionen unreiner Geister heimgesucht, die überall umherstreifen. Satan versucht heute sogar die Auserwählten Gottes. Das ist der Grund, warum diese Generation, die da Türme aufbaut von unschuldigem Blut (die in vielen Ländern legalisierte Abtreibung) *und ihre Heimatländer auf Verbrechen stützt, von Not und Plage ereilt wird. Allein dieses Opfer* (Die Abtreibung gefällt Satan, weil Satan Menschenopfer braucht, um Macht zu gewinnen, und dieses Opfer verrichten viele täglich und merken nicht einmal, daß es zum Kult für den Teufel wird.) *gefällt Satan …*

Setze dein Vertrauen auf den Allerhöchsten, Kind, und ermutige die Menschen dazu, um Meine Fürsprache zu bitten. Ich, der heilige Michael, der Erzengel Gottes, werde niemals müde, die Wahrheit zu verteidigen. Halte auch dann stand, wenn dich die Schläge des Feindes verwunden können, ich bin bei dir! (St. Michael versuchte mir zu sagen, ich solle ihn „nachahmen", das heißt nie müde werden oder mich entmutigt fühlen, trotz aller Schläge, die ich erhalte). *Erfreue dich der Gunst des Allerhöchsten!*

* * *

Im Gebet – St. Michael, der Erzengel

Geschnitzt aus Sussex-Eiche von Claire Sheridan

Foto: Mit freundlicher Genehmigung des Black Rock College, Dublin/ Irland.

Weitere empfehlenswerte Bücher:

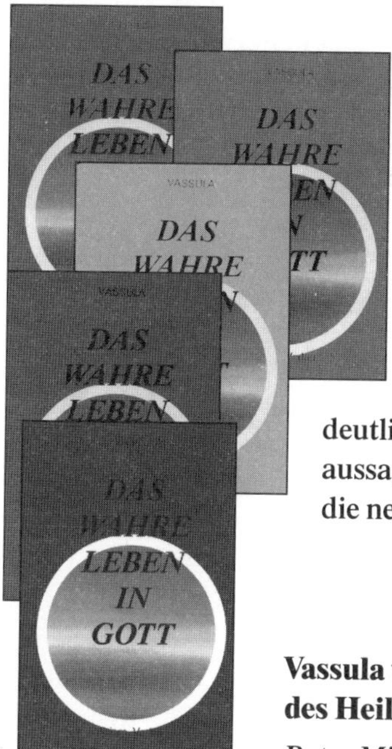

Das wahre Leben in Gott

Vassula Ryden

Seit 1986 bekommt Vassula Ryden, eine Griechin mittleren Alters, Botschaften direkt von Jesus. Diese Botschaften führen in die anbrechende „Zeit des Heiligen Geistes“, die dort immer wieder angekündigt wird. Die aktuelle Situation der Kirche kommt deutlich zur Sprache. Viele mutmachende Voraussagen über das kommende Pfingsten und die neue Zeit werden uns hier geschenkt.

Band 1-5, je 288 Seiten, je DM 24.80

Vassula von der Passion des Heiligsten Herzens

Pater Michael O' Carroll

Pater O' Carroll, der Seelenführer von Vassula, berichtet uns hier über die Persönlichkeit Vassulas, sowie über den Sinn der Botschaften, die sie vom Himmel erhält.

352 Seiten, DM 33.—

Vassula – Heroldin der Einheit der Christen

Pater Michael O' Carroll

In diesem zweiten Buch will uns der Autor auf die orthodoxe Welt und die immer wichtigere Rolle, die Vassula als „Heroldin der Einheit der Christen“ spielt, aufmerksam machen. Er äußert sich auch über die außerordentlichen Zeichen und Gnaden und die Zeichen des Eingreifen Gottes, die Vassulas Mission begleiten. Ein sehr wichtiges Buch für alle die Vassula und ihre Mission besser kennenlernen möchten.

304 Seiten, DM 32.—

Endzeitliche Botschaften des Erzengels Raphael

Josef Künzli

Der Seher aus Haaksbergen/Holland empfängt durch den Erzengel Raphael wichtige Botschaften für unsere Zeit, die auf aktuelle und bevorstehende Ereignisse Bezug nehmen. Die ihm gezeigten heil- und unheilvollen Situationen kommen in diesen Botschaften deutlich zum Ausdruck; auch in holländisch erhältlich. 64 Seiten, DM 3.50

Der Engel Kasimir *René Courthezon*

Eine heitere Erzählung, in welcher ein besonders neugieriger Engel auf Entdeckungsreise geht. Der Leser erhält dabei auf einfache, erzählerische Weise einen Einblick in die Pläne Gottes mit den Menschen und die Notwendigkeit der Menschwerdung Christi. Die ermunternde Rahmenhandlung enthält interessante Gedanken für Weihnachten; geeignet für ältere Kinder und Erwachsene. 32 Seiten, DM 2.50

Vereint mit den Engeln und Heiligen *F. Holböck*

Alle 80 Präfationen im Meßbuch der Kirche weisen auf die hl. Engel hin. Zahlreiche Heilige waren mit den Engeln in ganz besonderer Weise vereint, teilweise durch außergewöhnliche Verehrung und Liebe, bisweilen sogar durch einen einzigartigen familiären Verkehr. Dieses großartige Beziehung zwischen den Engeln und den Heiligen zeigt dieses Buch auf. 452 Seiten, DM 42.—

Ein Büchlein von den Engeln

Friedrich von Lama

Dieses Buch enthält Auszüge aus den Aufzeichnungen der Mystikerin Mechthild Thaller von Schönwerth, die regelmäßig Kontakt mit den Engeln hatte. Ihre Notizen lesen sich wie ein Erfahrungsbericht, wie eine Einführung in die Welt der Engel, die vielen Gläubigen leider so fremd geworden ist. 144 Seiten, DM 15.—

Bestelladresse: Miriam-Verlag • D-79798 Jestetten
✆ 0 77 45 / 72 67 Fax 0 77 45 / 409